건축의 색

일러두기

1 이 책은 2013년 정부(교육과학기술부)의 재원으로 한국연구재단의 지원을 받아 수행된 연구입니다.
   This work was supported by the National Research Foundation of Korea Grant funded by the
   Korean Government. (NRF-2013S1A6A4017523)

2 본문 도판의 대부분은 개별적으로 저작권을 해결하였으나 일부 저작권이 해결되지 않은 작품은 책이
   발행된 이후에도 개별 연락을 통해 해결할 예정입니다.

이 책은 실로 꿰매어 제본하는 정통적인 사철 방식으로 만들어졌습니다.
사철 방식으로 제본된 책은 오랫동안 보관해도 손상되지 않습니다.

건축의 색

이선민 지음

미메시스

공간의 색, 시간의 색

건축의 색채가 변화하고 있다. 아무것도 없는 것, 설명할 수
없는 것을 강조했던 과거의 건축 색채는 형태감을 부각하기
위해 무채색을 사용했고, 상징적이고 절제된 관점으로 색을
사용하였다. 그러나 현대로 오면서 건축은 〈적은 것보다
많은 것이 진정 풍부하고 은유적이며, 생략한 것보다 표현된
것이 사람들에게 감동을 줄 수 있다〉는 단순하고 명백한
관점으로 전환되었다. 따라서 건축의 색채에도 급격한 변화가
나타났으며, 과거의 표현 도구와 방식을 뛰어넘는 색채들도
점점 생겨나고 있다. 색채를 사용하는 범위가 확장되고 그
기법도 형태의 의존적 한계를 뛰어넘으면서, 색채는 건축의
중심이라 해도 과하지 않을 만큼 눈에 띄게 두드러졌다.
게다가 대중의 시각을 자극하고 즐거움을 유발할 뿐만 아니라,
사람들을 적극적으로 참여시키는 색채로도 전환되고 있다.
이와 같은 패러다임의 변화를 알리는 색채는 인간의 지각에
적극적으로 작용하면서 더 화려해지고, 지속해서 변화하고, 더

복합적인 방식으로 구현된다. 색채는 건축의 요소가 아니라 건축을 형성하는 중심 개념으로 부상된다.

색채는 형태보다 훨씬 가볍고 경쾌하게 표현된다. 더 쉽게 변화하고 유연한 움직임으로 우리를 쉽게 감동하게 한다. 빛의 자연스러운 현상을 수용하며, 형태만으로는 잡아내지 못했던 사람들의 마음을 움직인다. 고정된 색을 넘어 유연한 색으로 도입된 색채는 건축의 속성을 변화시키고 외피를 분리하거나 독립적으로 만들기도 한다. 그래서 색채는 형태보다 가볍고 빠르며, 유연한 공간을 만들어 내는 것이다. 이처럼 현대 건축 색채의 다양한 성향을 명확하게 체계화하는 데에는 많은 이견이 있지만 다음과 같은 명확한 변화를 눈여겨볼 수 있다.

우선, 건축 생성의 도구로 색채가 활용되고 있다. 건축의 생성 과정에 색이 개입되면서 건축가의 사고 체계와 밀접하게 관련이 생긴다. 색채가 건축가의 사고나 관점을 쉽게 나타내며 정확하고 직관적으로 표현되면서 색채는 건축의 중심적 가치로 자리 잡는다. 흰색이나 검은색으로 스케치되는 것보다 빨간색이나 파란색이, 그리고 하나의 색보다는 두 가지 색이, 무채색보다는 다양한 색을 가진 반짝거리는 모형 재료가 건축가의 생각을 더 풍부하게 집약해 준다.

두 번째, 건축 색채는 인간의 감성에 작용하는 색채로 전환되고 있다. 생략되고 함축적인 색채가 아니라 사람들의 마음을 움직이고 행동을 유발하며, 즐거움을 주는 관점으로 도입된다. 공간의 하이퍼리얼리티로서 재현된 색은 공간과의 상호 작용을 끌어내기도 한다. 사용자와 교감하는 색채는 현대 건축의 가장 중요한 가치이며 인간을 둘러싼 공간의 한계성을 넘어서는 적극적인 공감대도 형성한다.

세 번째, 빛으로 전환된 색채이다. 건축의 색채는 일차원, 또는 이차원의 색 범주를 넘어서고 있다. 건축의 표면에 투과된 빛과 반사, 그림자 등 빛으로 변형된 색은 건축의 내외부에서 쉽게 볼 수 있다. 삼차원과 사차원의 공간과 색채 결합은 공간을 채우는 색채로서 작용하는 건축, 반응하는 건축이라는 능동적이고 적극적인 자세로 공간에 변화를 가져온다. 형태보다 가볍고 이제는 페인트보다 더 가벼운 빛으로 색채가 전환되는 것이다.

네 번째, 풍부한 색채이다. 그동안 건축의 색채는 무채색이나 삼원색으로 대표되는 상징적 색채의 범주에 머물러 있거나 절제되고 생략된 상태였다. 그러나 디지털을 활용한 색채 구현의 기술과 안료, 다양한 도입 기법의 덕분으로 지속적이고 꾸준하게 증가하였다. 이제 건축의 색채는 화려하고 다양하며, 불규칙하고 비균질하면서도 풍부한 색으로 나타난다. 색채의 불규칙한 배열 방식과 함께 다양한 건축의 구현 요소들과 혼성되거나 공간의 경계를 넘나드는 색채로 전환된 셈이다. 색으로 넘쳐나지만 유치하지 않으며, 불규칙하지만 조화롭고, 다양하지만 더 많은 감동을 주면서, 직관적이고 더 많은 논리를 형성할 수 있는 풍부한 색이 도입되고 있다.

이제 현대 건축의 색채는 건축 개념을 전개하는 관점에서 사용되던 부수적 인자가 아니라 동등한 위치로 자리하게 되었으며, 소극적이고 절제적인 표현에서 사람들의 감정을 솔직하게 드러내고 상상적 재현마저 실현하는 존재가 되었다. 건축의 제한적 공간과 형태를 넘어서 건축의 의미를 풍부하게 하는 중요한 개념이 된 것이다.
이 책은 이와 같은 현대 건축 색채의 다양한 특징을 건축가의

계획과 연계하여 좀 더 심도 있게 살펴보고 있다. 다만,
넘치는 건축 개념과 색의 사용 기법을 한자리에 모두 묶기는
어려웠으며, 나의 주관적 관점에도 많은 오류가 있을 거로
생각한다. 그러나 앞으로 환경을 대상으로, 건축과 공간을
대상으로 색을 생각할 많은 이에게, 〈어떤 색을 쓸 것인가?〉가
아니라 〈어떤 방식으로 색채를 사용할 것인가?〉를 제안하는
의미로 글을 쓰게 되었다. 건축뿐 아니라 다른 여러 분야에서도
색채의 다양한 활용 가능성과 함께 색채의 다양성을 연구하는
실질적인 자료로써 활용되기를 기대한다.

이선민

1부　　　공간의 색

1장 색채의 정의

1 색의 의미와 특징

빛은 살아 있는 것들의 본질이 된다

색은 빛의 물리적인 현상이자 빛이며 에너지이다. 색의 지각은
빛의 반사와 산란으로 시작되고 눈으로 지각하며 대뇌로
인지되는 감각 현상이다. 색과 빛은 동의어이며, 뉴턴이 1672
년에 했던 프리즘 실험으로도 입증되었다. 우리가 보는 모든
대상은 색을 가지고 있고 색으로 보인다. 색을 볼 수 있고
느낄 수 있는 것은 빛과 물체 그리고 눈과 뇌의 작용에 의한
것이다. 그러므로 색은 지각과 감각의 두 가지 차원을 갖고
있으며 대상과 만나면서 다양한 반응을 일으킨다. 따라서 색은
물리적 속성뿐 아니라 대상과 환경과의 관계에 따라 유기적
속성으로도 설명된다. 색채학자 루이스 체스킨Louis Cheskin은
형태에 대한 인간의 판단은 정신적이고 이성적이지만, 색채에
대한 반응은 감정적이라고 판단했다. 즉 형태는 인간의
이성에, 색채는 인간의 정서에 영향을 미친다. 색채는 강렬하게
작용하고 기억에 쉽게 남으며, 인간 행동의 90퍼센트는 감정에
의해, 10퍼센트는 이성에 의해 유발된다고 설명한다.

색은 다양한 체계로 정의된다

색은 접근하는 관점에 따라 세분하며 다양한 측면으로
정의된다. 화학적 입장에서 색은 물질의 화학적 특징인 조색
(調色)을 위한 안료의 표준화를 중심으로 한다. 물리학적
입장에서 색은 방사 에너지 체계인 지각 현상과 관계된다.
따라서 지각적인 색채 특성을 규명하게 된다. 측색(測色)
학적 입장에서의 색은 방사 에너지 체계와 표준화, 숫자, 색의
표준화된 기호 형성과 전달 체계로서 이해된다. 생리학적
입장에서의 색은 전기 화학적 작용과 생물학적 측면에서
해석되며 인간과 색의 감각적 영향력과의 관계, 퍼스널리티,
색채 진단, 색채 치료, 인간 공학 등에 연계된다. 심리학적
입장에서의 색은 색에 의한 의식 형성과 행동의 상관관계로
해석됨으로써 인간과의 관계적 체계로 해석된다. 따라서
색채와 감정, 색채 선호, 색채 미학을 통하여 접근한다.

또한, 색은 안료적 속성과 질료적 속성을 가지고 있다.
면색은 거리감도 없고 형태도 없는 색을 의미한다. 표면색은
일반적으로 건축에서 흔히 볼 수 있는 색으로 불투명한

1 사람은 나뭇잎의 형상과
배경, 그리고 바람의 흔들림을
느끼면서 주황색이 주는 따뜻
한 느낌과 초록색이 변했음을
인지하고 가을을 연상하게
된다. 색은 이성적 속성으로
지각되지만, 감성적으로 인식
되면서 강렬한 인상을 준다.

2 색은 빛의 고정적인 속성에
의해 명명된다. 색으로
정의되는 빛은 환경에 따라
반사와 흡수, 투과 작용으로
지속적으로 변화하기 때문에
고정된 색을 측정하기 위한
다양한 전제 조건이 요구된다.

1

2

3

표면에서 볼 수 있는 색이다. 면색에 비해 쾌감이 적고 딱딱하며 색의 3속성에 광택이 포함된다. 따라서 소재와 물질의 색을 의미한다. 공간색은 유리그릇 안의 물처럼 투명한 느낌이 있는 색을 말한다. 또한 투명 면색은 반투명 물체를 넘어서 볼 때 쓰는 색이다. 색채의 보이는 방식에 따라 반사와 흡수, 투과를 달리하면서 다양하게 나타난다. 현대 프랑스 미술 전문가인 길라 발라스^{Guila Ballas}는 물질계에서 색은 존재하지 않으며 물질은 무색이라고 했다. 물리학에서 색이란 개체와 주변 환경에 의해 부분적으로 반사된 빛이다. 빛은 물리적인 현상이며 여러 파장으로 투사된 에너지이고 운동 중인 파동과 분자로 형성된 전자기의 진동이다. 즉 물질 자체는 색이 없으며 눈에 보이는 색채는 상대적이고 빛에 따라 끊임없이 변화하는 현상과 같다. 철학자인 프랭크 잭슨^{Frank Jackson}과 로버트 파게터^{Robert Pargetter}는 색채의 개념을 다음과 같은 세 가지 측면으로 설명하였다. 첫째, 하나의 명확한 색은 대상이 되고 대상을 인식하기 위해 반드시 배경을 가진다. 둘째, 색은 보이는 시점과 상황에 따라서 다양한 변화를 나타낸다. 셋째, 대상에 나타나는 명확하고 실질적인 색채는 다양한 상황의 조합으로 이루어진다. 색 자극^{Color Sensation}은 가시광선에 의한 빛의 자극을 의미하는 것으로 눈을 통해 대뇌로 이어지면서 색의 지각 ^{Color Perception}이 일어나게 된다. 대뇌로 이어지는 색은 지각하는 사람의 경험과 감성, 환경과 함께 복합적으로 작용하면서 색채 인지^{Color Cognition}로 이어진다. 따라서 같은 색자극(色刺戟) 을 받았더라도 다르게 느끼고 다양하게 반응한다. 색은 빛의 현상을 지각하는 것으로 처음에 일어나는 색자극은 누구에게나 같은 현상으로 보이지만 환경에 따라 변한다. 그러므로 같은

3 색이 가진 감성적 범주는 마케팅에 적극적으로 활용된다. 색채에 의한 설득은 대중에게 가장 쉽게 동의를 얻을 수 있고 신뢰를 형성하는 중요한 요소이기 때문이다. 색은 감성적 동의로 상호 작용이 일어나며 언어보다 훨씬 강하게 기업의 이미지나 제품의 전략을 전달한다.

사람일지라도 지각하는 시점과 시간, 감정 변화에 따라 다르게
인지한다.

색의 특성

첫째, 색은 일정한 범주를 가지고 있다. 일반적으로 빨간색이나
파란색 등 각각의 색명을 구분하여 명명하는 것은 가시광선의
파장 범위를 구분하여 지칭하거나 일정 범위를 하나의 색으로
명명할 때이다. 즉 빨강 범주의 가시광선은 빨간색으로
파랑 범주의 가시 광선은 파란색으로 명명한다. 하나의 색은
가시광선의 범위로서 그 범주 내의 표준적 범위를 지칭한다.
약간의 파장 차이를 인지해도 동시에 보이지 않으면 차이를
쉽게 구분하지 못하며, 단일색으로 지각하는 항상성을 가진다.

  둘째, 색은 명명된 이름뿐만 아니라 색의 이름에 따라
연상되거나 지칭되기 때문에 다양한 해석을 가진다. 우리가
지각하는 모든 대상은 색으로 나타나며 각각 이름을 갖고
있다. 다양한 대상만큼 색채도 간단하게 불리는 이름보다 더
감정적인 관점을 지니고 있으므로 다차원적으로 해석되는
것이다. 또한, 색채는 시각적 경험과 문화적, 사회적 기준,
학습에 의한 관점, 표면적 관점과 입체적 관점 등 각각의 기준에
따라 다른 해석이 나타나게 된다. 같은 빨강이라고 하더라도
문화와 시대, 사람과 환경에 따라서 다양한 이름을 지니며
다르게 연상화하고 상징화된다.

  셋째, 색의 지각은 색상과 명도, 채도의 통합적 지각을 통해
이루어진다. 사람은 하나의 색에서 색상과 명도, 그리고 채도를
명확하게 구분하거나 지각하지 않고 색상과 명도, 채도를

4 빨간색은 위험을 알리는
색으로, 노란색은 주의를
기울여야 하는 색으로
학습되었기 때문에 경험을
통한 색은 기능적으로
사람들에게 유효성을 형성
하게 된다.

5 같은 갈색이어도 소재에
따라 다른 느낌을 나타낸다.
색상과 명도, 채도가 같다고
하더라도 연상되는 언어가
다르므로 세세한 수식어는
다르게 표현되며 다른 색으로
인식되기도 한다.

5

4

통합적으로 지각한다. 색은 색상과 명도, 채도의 3속성을
가지고 있지만, 우리가 이를 명확히 구분하여 지각하는 것은
상당히 어려운 일이다. 따라서 색의 속성은 색과 색의 비교를
통하여 이루어진다. 하나로 지칭되는 색은 색상을 가장 먼저
인식하고 채도나 명도를 하나로 통합하여 지각하게 된다.

넷째, 색은 경험과 학습을 통해 정보로 전환되며, 다양한
정보를 나타냄으로써 지각적 유효성을 갖는다. 지각적
유효성은 정보로서 시각의 경험을 지속하는 사람 개개인의
내적 경험과 학습, 지각 요인에 따라 배경과 대상의 구분만이
아닌 유효성까지 형성하게 한다. 이는 본능적 반응을
불러일으키면서 학습으로 이어지며 형태와 같이 묶어지고
정보와 데이터로 전환된다.

다섯째, 색은 직접적으로 명확하게 간접적으로 모호하게
드러난다. 각각의 색이 지닌 고유한 성격은 시각의 경험에 따라
논리적으로 작용하기도 하고 감성적으로 작용하기도 한다.

때로는 감성적이어서 불분명하고 또 때로는 논리적이어서
명확한 의미를 전달하기도 한다. 색은 모호성과 명확성을
모두 지니고 있으므로 세세한 설명을 요구하는 경우가 있고,
의미가 사실적으로 보이지 않지만 내재적 의미를 함유함으로써
통합적으로 해석되기도 한다. 벽돌, 콘크리트, 철, 목재 등
자연이나 인공 환경에서 볼 수 있는 대상들은 가까이에서 보면
수백 개의 다양한 색상과 채도, 명도를 가지고 있다. 그러나
우리는 대부분 대표색을 기억하고 연상하게 된다. 각각의
재료는 같은 색으로 측정된다 할지라도 다른 감정의 형용사적
의미를 나타낸다.

6 광원색Light Source Color은
태양이나 불꽃, 전등과 같은
발광으로 나타나는 색이다.

7 면색Film Color은 하늘의
색채처럼 음영이나 재질감을
느낄 수 없는 색이다.

8 투과색Transparent Color은
공간에 있는 색과 물체색을
동시에 지각하는 색이다.

9 공간색Volume Color은 투명한
바닷속의 색채처럼 공간을
어떤 색으로 가득 채우고 있다.

10 표면색Surface Color은
물체에 의해 나타나는 색이다.

11 간섭색Interference Color은
2개 이상의 백색광이 섞여서
나타나는 복합적 색을 말한다.

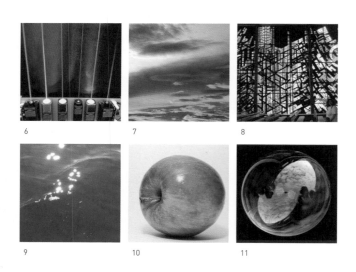

6

7

8

9

10

11

2 색과 형태의 관계

색이 없으면 형태도 없다

색은 형태를 풍부하고 흥미 있게 만든다. 게슈탈트 학파는
대상에 대한 색과 형태를 종합적으로 이야기하면서 형태를
색보다 중요하게 다루었다. 특히 건물의 구조적인 형태를
독점적으로 다루면서 색의 표현은 거의 무시되었다. 그리고
건축 색채는 오랫동안 공간의 구축을 뒷받침하는 표현
도구였다. 그러나 지금은 〈색으로부터 구조적인 형태의
분리는 없다〉라는 관점이 대두되면서, 색을 통한 형태의
발생이 빈번하게 나타나고 있다. 우리는 대상을 형태로 지각할
뿐만 아니라 동시에 색으로 지각한다. 형태는 색의 구별
때문에 이루어지며, 형태의 지각은 색의 차이를 인식하면서
이루어진다. 색은 사물의 형태에 관한 직접적인 정보를
우리에게 주고 형태는 색에 감정이 더해지면서 이미지를
형성한다. 따라서 색으로부터 분리된 형태는 없으며, 형태와의
종합을 통해서 완전한 형태로 완성된다. 색이 형태와 공간과
함께 형태의 지각에 관계된 인자로서 고려되어야 하는 이유는
색이 없으면 형태도 없기 때문이다. 형태와 연관된 색채는

형태와 동시에 지각되며 구축적인 형태를 강화시키기도 하고
약화시키기도 한다. 채색된 표면의 현상은 재료의 질감과
같이 인식되며 매스Mass를 지각하는 인자이다. 기본색을 지닌
형태의 그늘과 그림자로 매스를 지각하게 되며, 배경색과
대상색의 구분으로 더욱 정확한 형태를 지각하게 된다. 색은
공간의 표현 형태이자 형태와 동등한 관계를 형성한다. 색은
형태를 조절하고 형태를 강화하기도 하며, 형태를 이루는

12

면의 각 부분을 결합하거나 분리하기도 한다. 그리고 색채가
형태를 넘어서 질감과 연계되면서, 색과 색, 색과 형태의 상호
작용에 의한 심미적이고 감성적인 메시지를 드러낸다. 또한,
자연의 유기적 현상에 의해 건축을 구성하는 재료의 표면
질감에 영향을 주면서 공간의 이미지를 바꾸기도 한다. 색채는
빛의 변화로 가장 쉽게 질감을 변화시키며 공간의 물리적인
속성 변화와 형태의 변화도 가장 쉽게 만들어 낸다. 따라서
건축의 외장과 내부 공간에서 구체적인 구조의 변화, 축조
방식에 색채가 긴밀하게 대입되며 형태, 구조, 마감 재료와
연관성을 가지고 다양한 변화를 유도한다. 심리학자 미리아
리케르옵시안키나Miria Ricker-Ovsiankina는 〈색채 경험은 이것이
일어났을 때 형태의 경험보다 더 직접적인 감각 정보이다.
형태의 지각은 보통 공평하고 객관적 태도를 수반한다.
반면에 색채의 경험은 직접적이기 때문에 개인에 따라 다르게
나타나며 감정적 특징을 지니는 경향이 있다〉라고 하였다.
건축에서 색채는 형태를 조절하고 표현하는 절대적 인자로서
형태와 색의 관계는 무엇이 우선한다고 할 수 없을 만큼 긴밀한
상호 조절적 관계를 형성하게 된다. 따라서 형태의 덩어리
감을 분명하게 하거나 불분명하게 하는 데 색이 작용한다.

12 단일색이지만 그늘과
그림자로 생성된 삼차원의
형태. 그늘과 그림자에
의해 형태가 생성되며 같은
색이라도 명도의 차이에 의해
매스로 인식된다. 색은 형태와
결부되면서 색의 차이에
따른 거리감도 각각 다르게
형성된다.

또한, 색상과 명도, 채도에 따라 같은 형태라도 무게의 변화를
가져오거나 지각되는 크기를 조절한다. 색에 의한 형태의 조절
능력은 부피와 비례를 조정하므로 형태 표현의 중요한 인자가
된다.

형태의 도입을 위한 건축 색채

건축의 형태와 긴밀하게 부합되는 색채는 1970년을 기점으로
나타나게 되는데, 형태를 강화하거나 부분으로 분리하고
때로는 분리된 것을 결합하는 수단으로 사용하게 된다.
색채는 형태의 발생에 중요한 수단이 된다. 특히 현대의
건축에서 색채는 형태에 많은 영향을 주는 디자인 요소로
형태와 더불어 중요하게 다루어진다. 건축에서의 색채는
형태를 생성시키거나 소멸시키기도 하며, 나누거나 통합하고,
강조하거나 약화하기도 한다. 이와 같이 색채의 속성은 형태를
지원하는 일차적 개념에서, 형태 구성의 체계로 어떤 의미로든
〈형태적 가치〉를 지닌다. 건축에서 색은 형태의 본질을
만드는 요소로서 형상적이고 구축적인 특성과 그에 따른
사고 기반을 형성한다. 형태의 생성 과정과 밀접하게 관련된
색채는 건축의 초기 개념화 작업과 과정에 그대로 나타나거나
형태와 일치되면서 형태의 생성에 영향력을 확대하고 있다.
특히 색채가 형태의 생성과 맞물리면서 설계의 초기 과정,
형태의 생성 과정, 그리고 재료의 대입 단계 등에서 다양한
디자인 도구로 활용된다. 특히 건축의 외관 형성과 내부 공간의
디자인에서 색은 형태와 관련된 〈생성성〉을 가지며 〈발상을
위한 사고 도구〉로서 색의 활용성에 관한 관점은 점점 확대되고
있다.

13

14

13 El Lissitzky, Proun 19D, 1922
데 스테일De Stijl과 러시아 구성주의 작가들의 초기 회화 작업은 색채의 구축적 관계를 더욱 강화하는 데에 응용되었다. 명도 차이만으로 착시적인 색채 공간을 형성하고 이차원의 화면에서 투명하게 표현됨으로써 바탕과 작은 명도의 차이에 의해 투명성을 드러내며, 삼차원 공간을 표현하면서 입체감도 나타난다. 색은 배경과의 작용으로 형태를 만들며, 때때로 색만으로 투명한 질감을 나타낸다. 이처럼 색은 질료의 변화를 가져오기도 하고 형태를 부각하거나 사라지게 한다.

14 Steven Holl, Chapel of St. Ignatius, Seattle, USA, 2007
높은 채도와 밝은 명도의 색은 대부분 전진하는 이미지나 때로로 즐겁고 화려한 분위기를 조성해 준다. 지각되는 거리에 따라 가까이에서 보면 색과 색끼리 충돌하지만 멀리서 보면 부드럽고 온화하게 나타나기도 하고, 침착하고 은은하게 지각되기도 한다. 이차원으로 만들어진 색채는 다양한 경계를 형성하기도 하는데, 이차원에서 삼차원을 느끼게 되는 것은 색 차이에 의해서이다.

3   스펙트럼 색채

물리학적 관점의 색과 비유기적 기준Inorganic Criteria의 색

스펙트럼상의 색Spectral Colors은 뉴턴의 광학 이론을 기본으로,
가시광선의 파장 범위에 따라 결정되는 색을 의미한다.
스펙트럼상의 색은 물리적 공식으로 색을 정의한다. 색은
빛의 스펙트럼에 의해 분류되며 다양한 파장과 빛 에너지의
분배로부터 시작되고, 빛을 받아들이는 눈의 지각 작용
때문에 빛의 반사와 흡수, 투과 그리고 직접 빛을 내면서 색을
나타낸다. 스펙트럼상의 색은 색을 에너지로 보는 물리학적
관점으로 지각적 항상성과 관계된다. 정확한 물리색의 측정은
다른 영향을 주지 않는 시각의 2도 내에서 전체 시야와 닿은
빛의 분포 상태가 일정할 경우, 색을 지각하는 데 수반되는 모든
요소를 배제한 실험적인 조건에서 측정된다. 따라서 지각되는
색 이외의 다른 요소와 분리된 구조로서 관찰자의 시점이나
물체의 질료 속성 등 다른 환경이나 조건과의 관계성이 배제된
상태에서 측정된다. 또한 물체와 대상, 환경과 관련되지 않은
색으로 대상의 속성이나 환경이 변화하더라도 같은 속성을
유지하게 되며 변화되지 않는다.

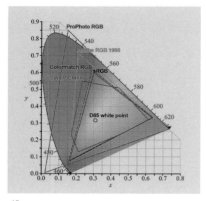

15

15 물리학적 지각에 의한 색의
정의는 빨강, 노랑, 파랑, 초록
등과 같은 가시광선의 범위로
물리색Physical Color은 명백한
표준화된 수치로 명명된다.

16 색채는 색의 좌표에 따라
색상, 명도, 채도의 정확한 값을
지닌다. 모든 색은 표준화된
기준에 따라 파장과 밝기, 색의
순도가 표기된다.

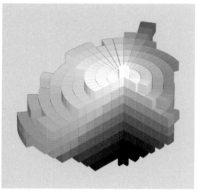

16

비균질 색채

유기적 기준Organic Criteria의 색

역사학자 스티븐 컨Stephen Kern에 의하면 하나의 대상은 상대적
관점으로 논할 수 있으며, 상대적 기준으로 다르게 평가하고
측정할 수 있다고 한다. 수학자이자 철학자인 앙리 푸앵카레
Henri Poincaré 역시 공간의 인식을 시각 공간과 촉각 공간, 그리고
운동 공간으로 구별한다. 이는 감각 장치가 어떤 것인가에 따라
전환되는 것으로 〈기하학적 공간에서 물체는 이동해도 형체가
변화되지 않지만, 시각 공간에서 물체는 관찰자로부터의
거리가 변화함에 따라 커져 보이기도 하고 작아져 보이기도
한다〉˙라고 언급하면서 공간의 상대적 지각에 관한 견해를
밝히고 있다. 공간의 색채는 유기적 기준에서 볼 때 공간의
지각과 인식, 해석이 수반되어야 하며, 색 이외에 형태, 질료,
환경과의 관계적 구조와도 밀접하고, 색을 지각하는 수용자와
복합적인 구조로 되어 있다. 이와 같은 관점은 공간의 색채
인식에서도 일어나게 되는데 공간에 나타나는 색채는 시간과
사용자의 지각 시점을 포함하여 가역적이고 상대적이기
때문이다. 철학자 모리스 메를로퐁티Maurice Merleau-Ponty는

˙
스티븐 컨, 『시간과 공간의
문화사』, 박성관 옮김(서울:
휴머니스트, 2006), 336면.

단일한 색이란 우리가 관념적으로 지니는 색상환의 색에 불과하다고 말한다. 그는 이러한 색상환의 색을 실제 사물에서 우리가 지각하는 표면색과 대비하여 세상에 존재하는 어떠한 사물도 고정된 색상환의 색이 아님을 증명한다. 가령 우리가 노랗다고 보는 사물을 완전 정면이 아닌 각도에서 볼 경우 완전한 노란색을 띠지 못하게 된다.[*] 이와 같은 견해는 우리가 공간으로 인식하고 있는 유클리드적 공간 이해가 아닌 시간과 인간의 움직임에 따라, 느끼는 방법에 따라 서로 다른 형상으로 전환되는 상대적 대상임을 의미하는 것이다. 색도 이와 같은 측면에서 해석할 수 있으며 특히 공간의 색채는 논의된 기준에 따라 특징이 다르다. 이처럼 유기적 기준의 색채는 빛에 따라 끊임없이 변화하는 관점으로 색을 바라보는 입장이다. 물질 자체의 고유한 색은 없으며, 눈에 보이는 색채는 상대적 현상으로 변화하는 존재이다. 유기적 관점의 색은 자연 현상에 근거하는 것으로, 색이 지각하게 되는 다양한 인자와 관계된 복합적 체계로 색을 의미한다. 즉 생리학적, 심리학적, 필요의 위계, 지원성, 상징성 그리고 인간과 관계된 비표준화된 개념으로 색채가 정의된다. 유기적 기준에서 볼 때 색채는 그것을 담고 있는 환경의 물리적 속성과 함께 눈과 뇌의 지각적 속성 모두에 의존하며 색채는 〈살아 움직이는 현상을 지각〉하는 것으로 이는 유기적 기준에서 색채를 규정하는 관점이 된다.

　　괴테는 그의 색채론에서 〈빛은 입자라는 불연속적인 물질로 구성되었으며 빛은 파동 치는 항시적 운동체이며 빛의 현상이기 때문에 여기에서 나타나는 색은 아주 다양한 방식으로 지각된다〉라고 했다. 때로는 단순한 밀침과 당김으로, 때로는 번쩍이다가 사라지는 빛으로, 공기의 움직임으로, 물체의

*
박영욱, 「디지털 건축과 다이어그램의 활용」, 「시대와 철학」, 한국철학사상연구회, 2009.

진동으로, 산화와 중화로, 끊임없이 결합하거나 분리하면서 현존재를 움직이게 하고 그 어떤 종류의 생명을 촉진하는 것을 말한다. 색은 빛이 되며, 빛은 색의 본질로서 빛이 색으로 보이는 과정에는 반사와 흡수, 투과의 과정에서 생기는 상황과 환경 변화도 수용한다. 우리는 거리가 변함에 따라서 대상의 색채가 자연스럽게 변하는 것을 경험한다. 색채는 색을 가진 대상이 어디에 있는지를 먼저 규명하는 것이 우선시된다. 결국, 사물이 갖는 색은 빛의 반사이자 파장의 범위를 우리가 지각하게 되는 것이므로 모든 색은 외부 조명이나 혹은 보는 각도에 따라서 명암이나 색채의 변화가 일어난다. 따라서 사물의 색은 단일색이 아니라 다양한 특징을 지닌다. 괴테는 색을 〈그림자와 관련된 어두운 정도〉라고 주장하면서, 현대 언어로는 〈정도〉라는 단어를 사용하여 색을 언급한다. 색은 빛의 경계 조건Boundary Conditions과 특이성Singularities에서 발생하므로 색은 눈과 연결된 생리적 현상, 정신과 감정에 연결된 심리적 의미의 전달을 가르킨다. 이와 같은 괴테의 관점은 색뿐만 아니라 모든 현상이나 사물의 관점을 복합적으로 이해해야만 정확하게 파악할 수 있는 상대적이고 관계적인 체계임을 의미한다.

건축의 색채는 비균질하다

건축의 색채는 균질의 색채로 측정될 수 있지만 균질하게 인지될 수는 없다. 색에 대한 상대적 인식은 색채의 논리적 해석과 과학적 재현을 이끌었던 뉴턴식 연구에서 벗어나 디지털 시대를 맞이하여 전기, 전자, 물리, 화학 등 다양한 과학 기술 분야를 중심으로 다시 규명되고 있다. 특히

자연색 구현을 중시하고 있는데 이는 공간 색채의 역사를
다시 시작하게 한 전환이 된다. 김선영의 연구에 의하면
건축의 색채는 형이나 형태 등과 달리 빛 파장에 의한 고정적
요소로서, 시각적 표현뿐만 아니라 환경과 타자에 의해 생성,
소멸하는 재생산성의 생물과도 같다고 한다.[*] 건축의 색채는
표면색으로서 균질적이지만 삼차원으로 전환되면서, 인식의
조건에 따라서 비균질적 속성을 드러난다. 특히 공간에서
나타나는 색채는 연속적 경험과 지각 조건에 따라 달라질
수밖에 없으며 건축의 공간색은 시각적 요소들인 형태, 기하학,
질감, 물질의 특성, 공간 배치, 기능 등의 조합에 따라 구성된다.
특히 건축의 색채는 시각과 관련된 자연 현상을 그대로
반영하면서 파동이 일어나는 항시적 운동체이며 지속해서
변화하는 과정을 여과 없이 드러낸다. 이처럼 건축의 색채는
건축이 놓인 환경 안에서 지각된다. 건축의 색채는 건축 형태와
구조, 질감, 재료의 조합 등에 의하여 이차원이지만 삼차원으로
나타나기 때문에 시간과 공간, 지각하는 방식에 따라 다르게
표현되고, 건축이 지닌 환경의 변화를 자연스럽게 수용하기
때문에 늘 다르게 인지된다.

　　현대 건축의 많은 작품 중에서 건축가는 의도적으로
비균질적 색채 경험과 광선의 위치 및 이동자의 지각 경로에
의한 다면적 색채 경험을 유도한다. 빛의 연속적 움직임과
속도의 반영체로서 건축 색채를 구현하고자 다양한 방식도
계속 연구되고 있다. 또한, 공간과 공간 사이의 색을 통한
다층의 레이어 형성이나 지각 시점과 지각 거리의 변화를
중심으로도 구현하고자 한다. 이처럼 명확하지 않은 색을
나타내는 촉각적 패턴과 빛의 작용으로 내외 공간의 가역

•
김선영, 「디지털 공간의 건축
색채 해석에 관한 연구」,
『한국실내디자인학회 논문집』,
제19권 4호, 2010, 42면.

현상을 섬세하게 구현함으로써 색채의 비균질성은 극대화된다. 따라서 현대 건축의 색채는 시간에 따른 색채 변화뿐 아니라 그늘과 그림자에 대한 인식까지 고려하여 능동적 변화도 추구한다. 공간의 색채는 관찰 시점과 조명의 방향, 재료가 갖는 소재의 특성에 따라 다르게 인지된다. 공간은 다양한 재료와 오브제로 이루어져 있어서 색이 보이는 지점과 관찰이 일어나는 장소, 관찰자의 지각에 따라 다르게 보인다. 미국의 인상주의 화가였던 릴라 캐벗 페리Lilla Cabot Perry는 모네Claude Monet와의 대담에서 〈당신들이 본다고 생각하는 것이 아니라 당신들이 보는 것, 격리된 물체가 아니라 그늘 속에 반사된 하늘의 파란 지붕과 함께 태양 빛과 바람으로 둘러싸인 물체를 그리는 것〉이라고 이야기했다. 따라서 건축 색채는 삼차원과 사차원의 동시적 속성을 나타내며 색채의 비균질적 현상도 공간 안에서 자연스럽게 나타난다.

　　건축의 색채는 색상이나 명도, 채도의 값이 같더라도 재질의 속성이 달라지면 다르게 지각된다. 특히 자연 재료나 광택 재료들은 환경과 밀접하게 작용하면서 색의 비균질적 속성이 드러난다. 네덜란드의 색 이론학자 프란스 헤릿선Frans Gerritsen은 색이나 형태와 같은 시각적 요소들을 〈해석〉하는 것은 〈창작의 심리적, 생리적 과정〉과 다름이 없으며, 색은 인간과 세계를 잇는 매개체가 된다고 밝혔다. 인간의 감정을 나타내는 표현적 관점에서의 색은 명백히 주관적이며 감수성과 사고로 연결된다. 시각적으로 색을 지각하는 것은 가장 먼저 생리적 측면으로 지각되며 색은 생리적으로 지각되어 심리적으로 인지되는 것이라고 한다. 메를로퐁티는 〈색채는 주위와의 관계로 변화하기 쉬운 가시성의 응결〉이라고 색채를 정의하며,

이는 인간의 시각에 의해서만 색채가 지각되는 것이 아니라 인간이 가진 다양한 감각 기관을 통하여 총체적으로 지각되는 것이라고 했다. 주위와의 관계로 규명되는 색채는 물체와 함께 지각되고 개인과 문화, 지역에 따라 지각하는 사람의 속성이나 물체, 그리고 공간과 유연하게 작용하면서 그 특징을 나타낸다.

17 괴테는 색의 인식을 공간에서, 색채의 인식은 시간에 따라, 그리고 자연의 조건에 따라 다른 방식으로 지각된다고 묘사한다. 그리고 때로는 단순한 밀침과 당김으로, 때로는 번쩍이다가 사라지는 빛으로, 공기의 움직임으로, 물체의 진동으로, 산화와 중화로, 끊임없이 결합하거나 분리하면서 인식하게 된다고 말했다. 우리가 매일 보는 하늘은 시간에 따라 다른 색을 지각하게 되며 물리적인 대상도 공간 안에 자리하고 있으므로 매시간 다른 색을 나타낸다. 따라서 자연 안에서 지각되는 모든 색은 균질할 수 없고 지속해서 변화하는 과정 안에 있다. 빛의 움직임에 대한 인식은 작은 시차에 따른 인지이며 빛에 반응하는 색채를 인지하는 것은 빛의 연속적 움직임과 속도의 지각으로 설명된다.

17

18 Jean Nouvel, Beyer
Blinder Belle, New York, USA,
2010
1,647개의 무색 유리 패널이
만들어 내는 부드러운 곡선과
다양한 크기의 모자이크식
외관은 각각의 유리에 코팅된
세 가지의 반사 필름과
경사진 각도 변화를 민감하게
받아들인다. 그리고 각 유리의
색과 투명도가 달라서 빛의
반사율과 흡수율에 변화가
나타나며 다양한 색채를 보여
준다. 색 면의 흔들림과 같이
난반사가 일어나는 비균질한
색채 현상으로 인해 더욱
아름답게 보인다.

18

19 Herzog & de Meuron, Laban Dance Centre, London, UK, 2003

런던의 라반 댄스 센터는 헤어초크 앤 드 뫼롱이 건축을 설계하고 설치 미술가 마이클 크레이그마틴Michael Craig-Martin이 색채를 맡았다. 외장 재료는 투명과 반투명의 유리 패널과 라임색, 터키색, 마젠타색으로 칠해진 반투명의 폴리카보네이트 패널로 이루어져 있다. 폴리카보네이트에 의해 투과된 빛이 내부 공간에 들어오면서 내부 벽과 바닥에 칠해진 색이 투명 유리에 비치거나 반사되면서 색채의 겹침 현상이 나타난다. 또한, 내부는 외부의 자연광으로 본래 가진 색보다 더 어두워지거나 밝아지는 비균질적 현상이 나타나면서 유리의 색이 아닌 공간의 색, 즉 빛으로 전환된 색을 지각하게 된다. 태양의 고도에 따라 색의 강도를 변화시키고 외장색은 빛의 방향에 따라 창백한 상태에서 매직컬한 빛의 상태로 전환된다. 태양의 고도가 낮아지는 밤이 되면 내부에서 외부로 빛의 발산이 전환되면서 컬러 랜턴과 같은 빛으로 전환된 색을 지각하게 된다.

19

1부 공간의 색

5 자연 색채

자연의 색, 즐거움과 만족의 근원이자 절대적 조화론의 배경

자연은 창작 활동을 하는 많은 예술가에게 근원적 관점을
제시하는 기준이 되어 왔다. 건축가 역시 자연의 질서에
일치되는 형태뿐만 아니라 자연의 색Color Of Nature과 질감이
반영된 건축 색채의 체계를 만들어 왔다. 자연색은 정직한
색채, 순수한 색채, 지속적 색채로 바꾸어 말할 수 있다. 모든
것의 본질인 자연색은 가공되지 않은 색으로 건축의 색채도
과거부터 지금까지 자연색을 유지하기 위해 노력해 왔다.
우리가 자연의 일부분인 것처럼 자연색은 대부분 아름답고
조화로운 배색의 기초가 된다. 자연색과 일치하는 색채를
사용하는 것만으로도 건축의 색채는 성공적 결과물을 낼 수
있고 현대 건축에서도 이러한 경향은 두드러지게 나타난다.
모든 사람의 정서 형성과 영감의 근원은 자연색으로부터
나온다. 인간은 태어나면서 인공의 환경과 자연환경을 동시에
경험한다. 인공 환경도 색을 인식하는 데 중요한 역할을
하지만 자연은 인공 환경의 배경이 되며 색채 경험의 가장 큰

1부 공간의 색

21

21 Sauerbruch Hutton, ADAC Headquarters, München, Germany, 2011
ADAC 헤드쿼터는 유사한 색 계열과 색조 변화를 나타내는 30여 개 다색조 배색의 불규칙적 패턴으로 다이나믹한 표피를 강조했다. 유선형에 도입된 불규칙한 색채는 지각하는 사람의 움직임에 따라 다양한 색 면을 느낄 수 있게 한다.

20 Sauerbruch Hutton, BSU Building, Hamburg, Germany, 2013
사우어브루흐 후톤의 많은 작품에서 보이는 점묘 방식은 명확한 경계를 지닌 블록형 색채보다 더 활기찬 시감각을 유도한다. 이것은 브로큰 컬러Broken Color라 불리는 것으로 그 효과는 물감을 혼합한 결과보다 색조를 더 빛나게 만든다. 이런 기법은 강한 색들의 터치를 병렬하였던 인상파 화가들이 사용했으며, 주조색을 기본으로 명도와 채도가 변화되는

다색조 배색으로 나타난다. 특히 섬세한 표면 분할은 고도의 복잡함과 함께 건물의 표피로써 강한 독창성을 보여 준다.

범주가 된다. 의식적이든 무의식적이든 문자를 배우기 전이나 학습하기 전부터 눈으로 보는 모든 자연을 경험하면서 배우고 학습하게 된다. 자연색은 모든 사람에게 영감의 근원이자 아름다움을 판단하는 기준으로 사람들을 가장 편안하고 자연스럽게 적응하게 하거나 감흥을 일으키는 요소이다.

　　자연의 소재가 좋은 이유는 자연색을 지니기 때문이다. 우리가 어떤 대상을 연상하거나 자신의 감정을 표현하고 이미지를 생각할 때 색채와 연관성을 맺게 된다. 시원할 때 파란색이 떠오르고 파란색은 바다를 연상하게 한다. 인공적인 대상이 연상되기도 하지만 일반적으로 자연에서 얻어지는 수많은 형상과 색은 밀접하게 연결되어 나타난다. 자연을 인식하는 체계와 연관적 구조를 지닌 자연의 재료는 아름다운 건축으로 전환되는 근거로서 건축 역사의 기반이 되어 왔다. 인간은 자연을 통해 가장 쉽게 유추하고 가장 쉽게 조화되며 가장 쉽게 감동한다. 자연색은 어떤 경우라도 만족스러운 색채로 이어지기 때문에 자연색에 대한 연구는 건축의 발상과 같이 이어진다. 인공 환경의 대표가 되는 건축은 그 규모가 아무리 크고 밀집되어 있다 하더라도 자연을 배경으로 할 수밖에 없다. 하늘색과 흙색, 나무색, 물색 등 모든 자연색은 건축의 배경이 된다. 따라서 자연색의 체계는 건축의 상위 체계가 된다. 전통적으로 건축은 자연 재료의 색과 재질을 기반으로 하는 색채를 선택했으며 자연 현상에서 나타나는 색의 현상을 구현해 왔다. 자연이 만들어 내는 색은 혼합되어 있으며 경계가 없다. 따라서 건축의 색채 역시, 균질한 색보다 비균질한 색, 고정적인 색보다 유동적인 색 그리고 변화하지 않는 색보다 변화하는 색채에서 더 많은 감동을 준다.

22 모래에서 얻을 수 있는 색채
팔레트.

23 자연색의 가장 큰 특징은
유연하며 비균질하다는
점이다. 자연 속의 모든 색은
인간을 편안하게 하고 적응할
수 있도록 한다.

24 건축은 자연의 재료로
구축되며, 자연의 재료로
마감하는 것으로부터
시작한다.

22

23

24

25

26

25 자연에서 얻을 수 있는
재료를 소재로 한 한옥은 주변
환경색과 일치한다. 재료가
주는 자연 친화적인 색감은
가장 편안하게 작용한다.

26 Frank Lloyd Wright,
Charles L. Manson House,
Wausau, USA, 1941
프랭크 로이드 라이트는
〈재료의 선택은 재료의
성질이나 질감, 특성과
함께 색이다〉라고 하면서
모든 자연색에 대한 접근을
지지하였다. 디자인의
절대적 우수함은 정직성에서
비롯되는 것으로, 자연의
재료를 선택한다는 것은
정직한 자연색을 선택하는
것이다. 또한, 자연색은
어느 정도 제한된 범위의
톤을 나타내는데, 강하거나
온화하고 낮은 채도가
대부분이다. 우리가
자연스럽다고 표현하는
것들은 모두 은은하고 온화한
중성색에 가깝다. 자연색에
근거한 배색은 급격하지
않으나 서서히 변화하는
명도나 채도의 차이를
통하여 나타난다. 따라서
자연의 질감이 드러날 때는
누구에게나 친밀하고 풍부한
감성을 일으킨다.

현상으로서의 색채

빛은 살아 있는 것들의 본질이다

색은 빛이 있으므로 존재한다. 그래서 빛을 생성하는 과정과
빛의 성질 및 현상 연구는 중요하다. 빛은 백열광Incandescent Light,
흑체복사Black Body Radiation, 발광Luminescence의 세 가지 방식으로
생성된다. 백열광은 물체가 뜨거워졌을 때 나타나는 색으로
전자기파의 발산이며 흑체복사는 검은색의 물체에 열을
가하여 달구거나 태우는 곳에서 관찰되는 색이다. 흑체란 모든
복사를 흡수했다가 재방출하는, 엄밀하게 말하자면 가상의
완전 복사체이다. 흑체는 흡수한 에너지와 방출하는 에너지가
평형을 이루어 일정한 온도를 유지한다. 일정한 온도를
가진 흑체의 내부에 존재하는 대전된 입자는 이에 해당하는
열운동을 하게 되는데 이에 따라 열복사가 방출된다. 이를
흑체복사라고 한다. 발광은 무기 물질이 에너지를 받아 그
에너지가 열로 변화하여 우리가 지각할 수 있는 가시광선을
포함한 빛이다. 이때 발광은 주로 낮은 온도에서 산화 작용으로
만들어지며, 자연환경에서 일어나는 화학발광Chemiluminescence 및
생물발광Bioluminescence 등에서도 관찰된다.

빛의 성질 및 현상

빛은 생성되어 소멸하기까지 많은 단계를 거치지만
궁극적으로는 흡수Absorption되어 소멸한다. 자연의 빛은
모든 빛깔이 섞여 있는 전자기파의 일종이다.* 태양빛이
대기를 통과해 진입하다가 지구에 도달하면 가시광선보다
짧은 파장을 갖는 자외선은 성층권의 오존층에서 대부분이
흡수되고, 나머지는 대기를 구성하는 분자들이나 작은 먼지
입자들에 의해 반사Light Reflecting되거나 산란Light Scattering된다.
즉 빛의 대기를 통과해 진입하다가 여러 가지 입자를 만나면
사방으로 퍼진다. 바로 이러한 현상이 산란이다. 공기의 작은
산소나 질소 분자들은 가시광선 영역 중에서도 특히 짧은
파장의 빛들을 훨씬 더 효과적으로 산란시킨다. 새벽빛이나
작열하는 태양 광선, 그리고 흰 구름이나 먹구름과 노을 등
대기의 변화는 산란과 관계한다. 깨끗한 물이 푸른 이유는
파란빛을 많이 산란하는 것으로 대부분 잘못 알고 있다. 물은

*
사람이 지각할 수 있는 빛의
파장은 800~400나노미터인
전자기파이다. 1나노미터는
10억 분의 1미터이다. 빛의
파장은 물결 모양으로 나타나며
전기장의 크기와 방향을 보여
준다. 전자기파와 물질의 상호
작용은 주로 전기장에 기인한다.
전자기파는 또한 입자의 성질을
나타내는데, 입자성을 강조할
때는 광자Photon라는 용어를
사용한다. 광자의 에너지ε는
주파수ν에 비례하고, 파장λ에
반비례한다. 즉 $\varepsilon = h\nu = hc/\lambda$가
된다. h는 플랑크 상수이고, c는
빛의 속도이다.

27

28

27 대기와 가시광선의 산란이
만들어 내는 색.

28 물 표면의 굴절에 의해
만들어지는 색.

가시광선보다 긴 파장의 에너지가 작은 적외선을 흡수한다.
물에는 3개의 진동 방식Mode이 있는데 이들의 조합으로 붉은색
계통인 660나노미터 파장 부근에서 빛을 흡수하며, 3미터
깊이에서는 이 파장의 빛이 단지 44퍼센트만 통과한다. 물에서
흡수되지 않은 파란빛이 물속의 미립자나 바닥에서 산란이나
반사되어 깊은 물이 더 푸르게 보이는 것이다. 또한, 대기를
구성하는 대부분 분자는 가시광선을 흡수하지 않기 때문에
대기의 색은 빛 산란에 따라 시시각각 변화한다. 백색광인
태양 광선이 대기층을 통과할 때 짧은 파장의 파란색이 긴
파장의 빨간색에 비해 훨씬 더 많이 산란한다. 즉 하늘의 색은
산란광을 보는 것과 같다. 반대로 우리가 태양을 볼 때는
산란으로 흩어지지 않고 남아 있는 빨간색을 보게 된다. 해가
뜰 때나 질 때는 낮에 비해 태양광이 통과하는 대기층이 훨씬
두꺼워서 넓게 퍼진 붉은 노을을 볼 수 있다. 구름은 보통 물
분자가 가시광선의 파장보다 큰 지름을 가진 물방울로 뭉쳐

29 빛의 굴절이 수증기에 의해
만들어지면서 나타나는 색.

30 빛과 공기의 냉각에서
만들어진 색.

29

30

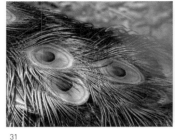

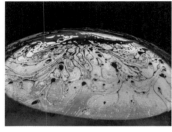

31

32

33

34

31 공작의 꼬리 깃털에서
나타나는 무지개색. 구조적
착색Structural Coloration으로
나타난다.

32 회전하는 콤팩트디스크의
빛 회절 때문에 나타나는 색.

33 비누 거품에서 볼 수 있는
빛의 간섭에 의한 색.

34 콜로라도 감자
풍뎅이에게서 나타나는 회절.

있다. 이 물방울은 빛을 모든 방향으로 산란시킨다. 물 분자의
산란광 세기는 파란빛이 크지만, 빨간빛은 파장이 길어서
더욱 많은 물 분자가 붉은빛의 산란에 기여한다. 이 두 가지
상반된 요인은 백색광의 모든 파장의 빛을 거의 같은 강도로
산란시켜 흰색으로 보이게 한다. 그리고 매질(媒質)로 인한
굴절은 아지랑이나 별의 반짝임을 지각한다. 특히 카메라나
현미경에서 희미한 연속 스펙트럼의 이미지가 관찰되는데,
이게 바로 색 수차의 색 번짐Blur이다. 색의 간섭은 비가 내린 후
물웅덩이 표면에 여러 개의 밝은색 띠가 생기거나, 나비 날개,
공작, 벌새 등의 깃털에서 어른거리는 색 현상으로, 빛의 파동이
잠시 둘로 나뉜 뒤에 다시 결합하는 성질이다. 회절(回折)은

산란과 간섭이 합해진 효과이다. 예컨대 벽체 건너편에서도 소리가 들리고, 산속에서도 라디오 전파가 수신되는 것은 빛의 파동이 장애물 뒤쪽에 그림자를 생성하지 않고, 그림자에 해당하는 곳까지 들어가는 현상 때문이다. 콤팩트디스크나 곤충 날개의 유기 물질은 회절 구조로 되어 있다. 이처럼 빛의 성질에는 흡수, 반사, 산란, 굴절, 간섭, 회절 등의 작용이 있다.

2장

건축 색채의 의미

1   건축의 다양한 특성들

건축 색채는 사회와 문화의 척도이자 그 시대의 기준이다

건축 색채는 한 시대와 역사의 상징으로써 개인의 취향이나
건축가 개인의 사고나 표현 방식을 넘어서 그 시대의
패러다임을 제시하는 척도가 된다. 동시대에 발생하는 많은
예술 작품의 경향이 그 시대의 가치를 나타내듯, 건축의 색채
역시 시대와 사회의 골격이자 인문학적 환경과 패러다임을
형성하는 배경이다. 건축의 역사에서도 알 수 있듯이 건축의
색채는 사회적 영향과 문화적 기반으로 해석될 수 있으며
그 시대의 사람들에게 많은 영향을 주고 언어처럼 사회적
가치와 상징적 의미를 전달하는 기반이 된다. 건축 색채는
물체색이지만 공간이라는 물리적 배경과 같이 사람에 의해
인지된다. 환경과 사용자와의 관계로써 색채가 행태와
연계되면서 공간과 적극적 관계를 형성한다. 형태의 조절이나
사용자 관점으로 해석되는 건축의 색채는 사차원적 색채로
〈사용자의 능동적 지각에 의한 관계적 개념〉으로도 해석된다.

35

36

35 Dome of the Rock, Jerusalem, Israel, 688~691
16세기 중반의 예루살렘에 있는 바위 사원 위의 타일 장식으로, 전통적인 이슬람 문화가 지닌 풍부한 색채의 화려함을 보여 준다. 이슬람이 가진 건축의 전통성을 명확하게 구현한다.

36 동양의 전통적 건축의 색채는 자연환경과 사상적 배경을 중심으로 한다. 건축뿐만 아니라 복식, 기타 생활 속에 나타나는 모든 색채는 음양오행을 기저로 하며 모든 색채는 철학적 관점에서 비롯된다.

37 Roofs with 〈Beaver Tail〉
Tiles, Dinkelsbühl, Germany
같은 지붕의 색만으로 건축의
맥락을 형성하며, 지역 특징도
명확하게 나타낸다. 유럽의
전통 주거 대부분에서 일치된
지붕 색만으로도 그 영역을
표시한다.

38 UNStudio, Kutaisi
International Airport, Kutaisi,
Georgia, 2013
흰색의 형태에 강렬한
빨간색이 클로스되면서
명확하고 상징적이다. 흰색과
빨간색, 주황색의 경쾌한
대조적 사용은 사용자에게
형태와 함께 강하게 인식된다.
공항 터미널 옆 관제 시설에
도입된 LED는 풍속의 변화가
있을 때마다 색을 변화시키며
접근하는 비행기에 교신한다.

37

38

건축 색채는 건축의 언어로 작용한다

건축 색채는 사전의 어휘처럼 메시지를 형성한다. 건축의 설계 도구로서 프로그래밍 단계에서 다이어그램을 작성하거나 개념을 나타내는 도구가 된다. 건축의 생성 과정에 사용되는 색채는 발상의 도구로서 건축의 초기 단계부터 완성 단계까지 지속적으로 사용되며 건축가의 감성이나 영감을 위한 시각적 표현 언어로 나타난다. 따라서 건축에 사용되는 색채는 즉각적이고 가시적인 도구이며 건축의 실존적 의미를 강화하는 건축의 매개 변수^{Parameter}가 된다. 또 건축의 색채가 형태에 입혀지면 하나의 대상으로 인식된다. 사용자가 공간을 인식하면서 일차원의 색으로 시작되어 삼차원으로 구현되고 사람들의 인식 과정에 의해 사차원의 통합적 속성을 나타낸다. 사람들이 어떤 측면과 관점으로 지각하는가에 따라 다른 구조를 형성하게 된다. 그러므로 대상은 하나이지만 역동적이고 유연한 지각 과정에 의해 복합적 색채 구조를 이룬다. 이처럼 다양한 속성을 지닌 건축의 색채는 인식 주체에 따라 다른 관점으로 접근되며, 각기 다른 가치를 형성한다. 이처럼 건축의 색채는 정량적(定量的) 관점과 정성적(定性的) 관점, 그리고 물리적 관점과 심리적 관점으로 분리된 색의 체계 모두를 포함한다.

이선민, 「현대 건축의 색채 사고
체계에 관한 연구」, 홍익대학교,
박사 학위 논문, 2006, 20면.

환경 지각Perception의 건축 색채	환경 인지Cognition의 건축 색채
정량적 관점	정성적 관점
절대적 가치 체계	상대적 가치 체계
어떤 색을 사용할 것인가?	어떻게 색을 사용할 것인가?
색 측정과 관련된 물리적 현상과의 관계	색 개념과 관계된 인지적 속성과의 관계
색상, 명도, 채도의 일차원과 이차원의 질서 체계	형태와 재질, 개념과 관계된 삼차원과 사차원의 질서 체계
절대적 특징, 빛의 특성과 관계된 과학적 체계	상대적 특징, 관계성에 의한 시각 경험 체계
뉴턴의 색채학을 기반	괴테의 색채학을 기반
비유기적 기준의 색채	유기적 기준의 색채
물리적, 화학적 측면에서의 표준화	생리적, 심리적 필요의 위계
재질, 면적, 광원, 재료의 개념에서 비표준화된 개념에서의 정의	지원성, 상징성 그리고 인간과 관련한 표준화된 수치로 정의
색의 조화론 측면에 의한 타당성 추구	건축가의 사고 체계에 의한 타당성 추구

39

39 UNStudio, Galleria
Department Store, Seoul,
Korea, 2003~2004
건축이 지닌 형태적
한정성을 색을 통하여
유연한 구조로 변화시키고
있다. 가현운동(假現運動)을
나타내는 외피는 현대
건축에서 보이는 특징적
색채 사용의 기법이다.

1부 공간의 색

2   지각적 속성의 건축 색채

40

40 모든 대상의 바탕이 되는 흙색, 자연의 대표적인 색인 초록, 모든 환경에서 가장 높이 있는 하늘색, 그리고 빛의 근원인 태양은 환경을 이루는 기본색이다. 자연색은 인간이 느끼는 가장 아름다운 색으로 작용하기 때문에 자연을 색채 팔레트로 하는 것은 제일 자연스러운 배색이 된다.

형태와 주변 환경과의 조화를 중심으로 하는 건축 색채

인간은 280만 개 이상의 색상을 지각한다. 지각되는 색을 대상으로 색을 연구하는 많은 학자나 이론가들이 색의 결합에 관련된 조화론을 제시하지만, 건축 색채는 문화와 트렌드, 지각하는 사람의 경험에 따라 다르게 평가된다. 따라서 건축의 색채는 누구에게나 조화롭다고 판단하는 이차원적 관점의 조화 이론보다 훨씬 더 복잡하다. 건축 색채는 같은 색의 조합이라 하더라도 사람마다 긍정적으로 또는 부정적으로 반응하기도 한다. 색의 반응에 민감하고 문화나 생활 환경, 교육적 기반 등에 따른 개인차가 있으므로 보편적인 건축 색채 조화의 표준 원칙을 만들어 내는 것은 상당히 어려운 작업이다. 지각적 관점에 의한 색의 조화는 시각적 질서와 함께 좋은 색의 선택과 배열만으로 사람들에게 〈즐거움〉이라는 정서적 반응을 일으킨다. 일차적 건축의 색채는 건축과 건축을 담고 있는 환경에서 나타나는 시각적 경험을 근거로 균형을 이루는 순수한 감각으로 이루어진다. 색채의 조화는 가장 먼저 색의 선택에 있다. 그리고 색과 색을 어떻게 결합할 것인가에 대한

두 번째 선택을 해야 한다. 안정적인 건축의 색채 결합Combining Color은 색의 순서와 배열, 면적과 위치 그리고 지각을 근거로 한다. 건축에서 가장 안정적이고 친화적인 배색은 자연색을 기반으로 한다. 자연색은 좋은 환경과 공간을 제공하는 가장 친화적인 배색 기법의 근거가 된다. 건물의 배경이 되는 어스톤Earth Tone은 갈색, 피부색, 따뜻한 회색 그리고 녹색이 된다. 이것은 점토, 이끼, 나무, 바위 등 자연에서 발생하는 색채로 가장 흔하면서 가장 친화력 있는 색으로 작용한다. 인간은 자연 일부로서 자연물 그리고 자연이 가진 색에 익숙하다. 따라서 우리가 조화롭다고 생각하는 모든 것은 자연색을 기저로 밀접한 관계를 형성하고 있다. 자연을 근거로 하는 색은 인간에게 따뜻하고 안전하며 튼튼함을 상징하는 색으로 환경을 대표하는 색이자 가장 친화적이기 때문이다.

41 OFIS Arhitekti, Tetris Apartments, Ljubljana, Slovenia, 2007
테트리스 아파트먼트는 저층 집합 주거의 새로운 방향을 제시하고 있는데 다른 집을 볼 수 없도록 계획되면서 세대의 독립성을 중시한다. 각도의 변화와 면의 분배가 세대마다 다르며 브라운색을 주조로 한다. 세대별 강조색은 다르지만 나무 재질의 브라운색은 안정적이고 친화적이다.

42 Léon Krier, Poundbury, Dorchester, UK, 1988
건축이 그 지역의 재료를 사용하는 것은 가장 친화적인 색 조화를 만들어 내는 색채 사용 방식이 된다. 건물과 건물로 이어지는 지역색의 경우, 주조색과 강조색, 보조색을 유지하거나 교환하는 기법은 사람들에게 보편적인 시각적 즐거움과 안정감을 준다. 레온 크리에는 맥락주의에 기반한 건축가로 건물의 형식과 색채 모두 지역적 전통성을 근거로 한다.

41

42

3　인지적 속성의 건축 색채

이미지, 상징, 연상에 의한 건축 색채

색은 형태보다 직관적이고 감정적이다. 형태의 지각은
객관적 입장에서 접근하지만, 색채의 경험은 개인적이고
감정적인 특징을 지닌다. 독일의 심리학자이자 실험 현상학의
대표적 학자였던 다비드 카츠David Katz는 〈형태보다도
색채가 좀 더 감정과 가깝게 관련된다〉고 했으며, 미리아
리케르옵시안키나는 〈색채 경험은 이것이 일어났을 때
형태의 경험보다 더욱 더 직접적인 감각 정보〉라고 하였다.
우리가 색이나 형Shape을 볼 때 그것을 형태로서 지각할 뿐만
아니라 색이나 형태에 감정이 더해지면서 거기에 색과 형에
대한 이미지가 생기게 된다. 형과 색의 지각에 대하여 감정이
생기는 것은 보는 사람의 연상이 작용하는 탓이며* 색 자극은
심리적인 면과 연관되어 상상력을 유발하기 때문이다. 미국의
이론 경제학자이자 사회 철학인 케네스 볼딩Kenneth Boulding은
〈이미지〉를 세상에 대한 주관적인 지식이자 〈우리가 진실
이라고 생각하는 것〉으로 정의하였다. 또한, 〈사실이라는
것은 없으며 변화 가능한 가치 체계를 통해 여과되는

최영훈, 『색채학 개론』(파주:
미진사, 1999), 41면.

메시지가 있을 뿐이다〉라고 하였다. 누적된 시각적 경험은 보는 것과 이해하는 것을 결정짓고 이러한 배경이 형성되는 것이 이미지라고 말했다.[*] 이처럼 이미지는 상, 형상, 심상과 연관되는 말로 색채는 의식 세계보다 훨씬 방대한 집단 무의식의 세계를 형성하게 된다. 직관은 인간에 내재한 유기적 특질로, 논리적이고 합리적인 특징과는 상반되는 개념이다. 직관과 논리의 두 가지 가치는 하나는 감성적이고 잠재적인 방법의 가치 체계이고, 또 하나는 이성적이고 의식적인 합리적 방법을 강조하는 가치 체계이다.[**] 직관적 관점에서 보았을 때 색은 이성의 작용보다는 감각의 선험적 형태로 체험된다. 감성의 유발은 관찰자에게 일어나는 감동적 효과와 주관적 반응에 관계된 것으로 색은 논리와 이성보다는 감각과 직관이 잠재되어 나타난다. 색은 논리Logic보다는 직관Intuition에 가까우며 색을 경험하는 것만으로 일반적인 판단, 추리 등의 사색 작용을 더하지 않고 예상을 직접 파악한다. 그러나 이런 직관적 과정은 불규칙하고 임의로 진행되며 전체 과정에서 일정 부분이 모순되어 나타나기도 한다. 다시 말해서, 색을 본다는 것은 색을 근원으로 한 순간적 통찰을 의미한다. 현대의 건축에서 색채는 개인의 공간에 관한 경험을 풍부하게 하는데 이는 형태가 가진 관점보다 더 유연하고 강력하게 작용한다.

*
메리 C. 밀러, 『실내 건축의 색채』, 박영순 옮김(파주: 교문사, 1997), 153면.

**
민경우, 『디자인의 이해』(파주: 미진사, 2002), 73면.

건축의 색채는 공간의 경험을 풍부하게 한다

현대의 여러 촬영 기법을 만든 사진작가 존 오트John Ott는 〈색에 대한 내면의 심리적 반응은 복사 에너지의 특별한 파장에 대한 기본적 반응이다〉라고 했다. 인간은 화창한 날에 온화함을 느끼고 흐린 날에는 우울함을 느끼기 쉽다. 반대로 색채에 대한 심리적 태도는 육체적 반응에 영향을 준다. 적색은 쉽게 흥분되고 청색은 차분하게 한다. 달리 표현한다면 인간의 전부, 즉 육체, 마음, 정서, 정신 들은 하나의 소우주로서 통일된 한 개체의 표현이며 색채는 이런 모든 면에 작용한다. 네덜란드의 심리학자 벤야민 얀 카우베르Benjamin Jan Kouwer는 〈시지각은 단지 망막Retina의 과정이나 의식Consciousness만을 포함하는 예술이 아니라 전체로서의 조직체Body를 말한다〉라고 언급한 바 있다. 색은 평면적이지만 삼차원으로 입체화되면서 인간의 감성에 강하게 작용한다. 안료나 재질로서의 색은 형태와 함께 관찰되지만 평면성을 갖고 있고, 색이 건축에 적용되면서 공간이나 외부 환경과 연계되어 평면성에서 벗어나 다양한 관계성을 맺게 된다. 공간과 연계된 색채도 평면적 이미지에서 빛의 작용과 공간의 형태와 같이 연계하여 사차원으로 전환되며 인간의 감성에 작용한다. 건축 색채의 이미지는 색채의 지각에서 색채의 감각으로 확장되며, 감각에서 끝나지 않고 환경에 순응할 수 있는 매개체 역할을 한다. 색으로 인해 환경에 적응성이 높아지는 것은 인간이 많은 시간을 가지고 빈번하게 경험한 결과이자 지속적인 뇌 자극을 통해 생태적인 적응성이 가능해졌다는 얘기이다.

43

43 Will Alsop, Fawood
Children's Centre, London, UK,
2004
소풍을 테마로 한 파우드 아동
센터는 자폐증 및 특별한 도움이
필요한 어린이 3~5세를 위한
보육 시설이다. 광대한 창고
같은 내부 공간은 적층 형식의
단위 교실로 구성되어 있다. 기본
구조는 아연 도금 강판의 지붕,
모빌과 같은 폴리카보네이트
장식, 밝은 분홍색 분말 코팅,
강철 피복 관의 혼합물로 형성된
깊은 돌출 지붕과 프레임 구조의
사다리꼴 형태를 나타낸다. 3개
층의 선적 컨테이너 구조가 돌출

난간, 리프트 및 철강 계단으로
연결되어 효율적이고 저렴한
비용으로 교실 공간을 만들었다.
여기에 밝은색, 채도가 높은 색의
배열만으로 시각적 즐거움까지
드러낸다. 직관적 사고의
즉흥적인 이미지를 형태화하는
영국의 건축가 윌 올솝의 대표
특징이다. 풍부한 색과 불규칙한
색채의 배열 기법과 다양한
색이 결합하여 소풍의 즐거움을
나타내고 있다.

44

44 Manuelle Gautrand, Cité des Affaires, Saint-Étienne, France, 2010
정부 사무실, 관광청, 식당, 문화 공간으로 이루어진 복합 건물로 건물 전체가 사각형의 불규칙한 배열로 만들어졌다. 여기에 도입된 노란색은 랜드마크로서의 충분하고 강력한 이미지를 만들었다. 투명 유리와 흰색의 덧문도 투명색과 불투명색의 대조적 표피로 빛의 반짝거림을 강조한다. 또한, 태양의 고도에 따라 노란색이 투명한 유리에 반사되면서 풍부하고 빛나는 색감을 드러내며 금색처럼 빛나는 질감으로 전환된다. 노랑이라는 단일색이 세 곳의 진입 공간에 캐노피를 형성하면서 사람들에게 강하고 즐거운 흡입력을 보여 준다.

45

45 Willy Müller, New Flower Market, Barcelona, Spain, 2005 꽃의 이미지를 형상화한 뉴 플라워 마켓은 세 영역으로 구분된 건물이다. 아연도 강판의 접힌 커버와 색채들이 각 영역을 구분하고 있으며 건축가는 동물을 상징화하였다고 한다. 표피인 벽과 지붕에는 꽃을 연상하는 이미지가 선 모양 색으로 표현되었다. 스트라이프 패턴은 꽃의 이미지를 형상화한 것. 수평선들이 나열된 기하학적 구조에 무채색으로 구성된 스트라이프는 꽃을 상징하는 직관적 이미지의 도입으로 볼 수 있다. 사람들이 활발하게 움직이는 통로에는 스트라이프로

상징화된 색채들이 적용되면서, 색의 수직적이고 연속적인 불규칙한 배열이 활력을 준다.

46 Bahadir Kul, Kayseri Ice Ring, Kayseri, Turkey, 2012 얼음의 이미지를 형상화한 건물로 프리즘을 연상시키는 비정형적 형태Amorphous Apertures에 다양한 색유리를 입혔다. 색유리는 내외부에서 색안경의 렌즈처럼 빛나고 역동적인 느낌을 주며, 유기적 형태와 색채로 인해 즐겁고 경쾌한 효과가 내부 공간까지 이어진다.

46

47 Emmanuelle Moureaux,
Sugamo Shinkin Bank, Tokyo,
Japan, 2011
〈우리는 고객에게 행복한 기쁨을
준다〉라는 테마에 일치하는 색을
선택하였다. 무지개를 연상하게
하는 열두 가지 겹쳐진 색채는
방문자를 환영하는 분위기를
자아내며, 널빤지 모양 캐노피의
다양한 색채는 마치 떠 있는 듯한
이미지를 연출한다.

47

3장   건축 색채의 특징

1   건축가의 사고 체계

색채는 발상을 풍부하게 하며 생각의 방법을 변화시킨다

생성Becoming은 〈사물이 어떤 상태로부터 변화하여 다른 상태로
되는 것〉을 의미한다. 건축의 형상화를 공간 생성으로 보았을
때 공간의 형성 과정도 생성으로 볼 수 있다. 건축가가 형태를
생성하기 전에 건축가 자신의 기억이나 발상과 연계된 색은
초기의 개념을 구체화한다. 건축의 생성과 형상화 과정에서
색채는 건축가의 도상적인 사고 과정과 같이하면서 디자인
문제의 본질을 파악하거나 디자인을 위한 사고 기반에 중요한
역할을 한다. 색은 공간의 형상화 과정에서 명쾌한 시각적
판단을 돕고, 건축가의 생각을 시각화하는 도구와 매체가 된다.
건축에서 디자인은 개념 형성, 자료의 수집과 분석, 레이아웃,
모형 작성과 같은 과정으로 진행된다. 색채의 생성은 발상을
위한 사고 도구로써 사용되는 것을 의미하는데, 건축 형태의
발상 과정에 색채가 사용되면서 색채의 생성 가치가 나타나게
된다. 현대의 건축이 결과보다는 과정을 중시하고 과정이
형태로 고스란히 나타나면서 건축의 생성 과정에 도입되었던
색이 최종 형태나 공간으로 태어난다. 특히, 공간의 표현적

형태로 색이 정의되면서 형태보다 색이 먼저 공간의 속성을
구체화하거나 기능을 나타내는 데 활용되거나 생성적 관점도
확장된다.

색은 건축가의 배경이 된다

색채는 우리가 살아가면서 자연스럽게 지각하고 체험하는
것으로 건축가가 건축을 생각하기 이전부터 자연스럽게
형성되어 잠재적 배경이 되며, 건축가의 성장에서 형성된
색채는 건축가의 다양한 삶의 배경과 경험의 본질이 된다.
건축가의 배경으로 형성된 색채는 건축가의 정체성Identity 형성에
중요한 역할을 하며, 건축가의 기억과 기억의 재현에까지
작용하면서 건축가의 철학으로 작용한다. 따라서 색채는
언어보다도 더 지속적인 도구가 되며 〈건축가의 내재적 개념을
표현하는 실존적 사고 체계〉가 된다. 건축가의 논리와 표현
도구가 되는 색채는 건축 초기의 개념 형성, 즉 〈기초적인 건축의
목표를 위한 개념화 작업〉에서부터 〈건축이 구축되는 과정〉
까지 밀접하게 관련된다. 그리고 건축 목적과 용도의 실행을
지원하는 설계 도구로도 쓰인다. 또한 거주한 사람의 사용
후 평가에 이르기까지 건축 프로그램으로 활용된다. 따라서
건축의 색채는 초기 개념화부터 사용자에 이르기까지 건축가가
무엇을 중심으로 프로그램하고 있는가를 정확하게 보여 준다.
건축가가 사용하는 색채는 때로는 일시적이고 즉흥적으로
상황에 따라 변화되기도 하지만 대부분의 건축가는 자신만의
일관적인 패턴과 형식을 보여 준다. 건축가의 사고를 드러내는
스케치나 자료의 수집, 모형의 작성 등을 분석하면 건축가마다

독특한 특성을 알 수도 있고, 색의 선택이나 매체 또는 도구의
선택에서도 지속적 관점이 드러난다. 건축의 형성 과정에
나타나는 색채는 건축가의 고유한 색채 팔레트가 될 뿐만
아니라 건축가의 정체성을 나타내는 사고 체계와도 일치한다.
이처럼 색채는 초기의 디자인 스케치와 색채에서도 드러나고
건축의 매스와 평면, 입면의 작성 등 건축 형태에도 깊게
관계하며 단일색보다 다색에서 더 많은 가능성과 다양성을
보인다.

48 Luis Barragán, Luis
Barragán House and Studio,
Mexico City, Mexico, 1947
감성적 공간과 빛의 건축으로
유명한 루이스 바라간의
건축은 멕시코 전통 스타일을
기반으로 한다. 그의 건축은
영적인 아름다움을 추구하며
자연의 빛을 담아내는
공간과 기하학적인 형태를
추구한다. 여기에 전통성과
지역의 색채를 기반으로 하는
자연색도 나타난다. 강렬한
태양과 물, 꽃을 표현하는
토속 감성의 색채는 그의
모든 건축에서 색채 팔레트로
드러난다. 분홍색, 노란색,
황토색, 코발트블루 등이
대표적이며 그의 독창적인
색채는 건축의 내부와 외부
모두에서 사용된다. 이는
바라간의 고정 스타일로 자리
잡았다.

48

49

49 Richard Meier, Barcelona
Museum of Contemporary Art,
Barcelona, Spain, 1995
모든 건물의 내부와 외부를
흰색으로 칠하는 리처드
마이어는 〈흰색은 가장 아름다운
색이며 그 안에서 우리는 모든
색을 볼 수 있다〉라는 입장을
강력하게 피력한다. 흰색은 빛의
변화를 가장 민감하게 나타낼
뿐만 아니라 그늘과 그림자를
가장 잘 드러내고 형태를 가장
정확하게 표현한다. 흰색은
공간을 확장하는 효과가 있으며
그림자에 의한 형태도 가장 잘
보여 준다. 이처럼 마이어의
색에 대한 철학은 〈흰색은 가장
놀라운 색이며 건물을 가장
아름답게 보이게 하며 건축물의
개방성과 건물의 선명도가 가장
잘 나타낸다〉라는 말에서도 알 수
있다.

50

50 Ando Tadao, Langen
Foundation, North Rhine-
Westphalia, Germany, 2004
자연과의 조화를 중심으로
어두움과 밝음, 즉 빛의 효과를
극대화하는 안도 다다오는
대부분의 건축에서 투명 소재인
유리와 노출 콘크리트를
사용한다. 동양 철학을 기저로
하는 건축적 사고가 건축의
형태와 공간에 나타나고 있으며,

색채 역시 가공되지 않은 질료의
속성을 지닌 무채색으로 그가
설계한 대부분의 공간에서
드러난다.

51 Bernard Tschumi, Parc de la
Villette, Paris, France, 1982
붉은색은 베르나르 추미의
대표 색채로 불릴 만큼 스케치
과정에서도 많은 자리를
차지한다. 원과 사각형, 삼각형
등 붉은색 장난감과 같은 형태로
만들어진 라빌레트 공원의 폴리는
그의 대표적인 건축물로서 폴리에
도입된 붉은색은 그의 초기
스케치에서부터 확인할 수 있다.

51

52 Frank Gehry, Museum
of Biodiversity, Panama City,
Panama, 2011
생물의 다양성을 알리기 위해
지은 박물관으로 접고 구부리고
구기는 과정을 통해 형태를
만들었다. 구겨지고 접히는 초기
형태의 산출에서부터 다양한
재료와 색채가 도입되었는데
빨강과 파랑, 녹색과 노랑은 접힌
금속 캐노피에 그대로 들어가
있다.

53

52

53 Frank Gehry, Hotel Marqués
de Riscal, Elciego, Spain, 2006
조각과 건축에 대한 개인적 시점,
그리고 기능적 조각의 창조라는
관점으로 계획된 건물이다.
여러 개의 곡선형 조각들이
합쳐져서 생긴 복합 개체의
결합으로 색채도 조각마다 다르게
사용되었다. 폭발을 통해 나온
듯한 상상적 형태가 그의 색채와
일체가 되어 건축가로서의 개념을
더욱 강화한다. 모든 것을 감싼
듯한 핑크, 골드 그리고 실버의
타이타늄 색채가 빛에 따라

반사도를 다르게 나타내면서
아름다운 색채의 조합을
강조한다. 돌과 나무로 이루어진
건물과 창문은 19세기의 전통적
건물을 상징화하고 있다.

54

55

54 Steven Holl, Maggie's Centre Barts, London, UK, 2011
수채화의 물과 섞인 듯한 반투명색 느낌은 스티븐 홀의 건축물에서 쉽게 볼 수 있다. 투명한 색, 균질하지 않은 색의 질감이 그의 건축 마감재와 색채 기법에서 나타나며, 빛으로 구현된 색채는 마치 간접 조명 방식과 같은 현상을 공간에 넣는다. 혈관 안의 혈관이라는 구조의 이 건물은 콘크리트를 관통하는 프레임으로 형성되어 있다. 그 안에 불투명한 유리와 색유리들이 겹쳐지면서 중세 음악의 성가를 나타내는 유리 파편들과 겹쳐진다.

55 Steven Holl, Drawing for Knut Hamsun Center, Hamarøy, Norway, 2009
스티븐 홀은 그린다는 것은 〈직관을 나타내는 출구이자 눈과 손으로 드러나는 일이다〉라고 하면서 스케치도 하나의 시스템, 순간의 기록 장치와 같이 사용한다고 했다. 감각과 관찰, 기억과 대화, 탐구를 기록하고 스케치하면서 투명한 색감은 어느 작품에서든지 찾아볼 수 있다. 완성이 아닌 미완성이 어떤 것을 결정하는 데에 더 많은 영향력을 가질 수 있으며 색채 역시 이처럼 충분한 사고 도구가 된다.

56

●
이선민, 「윌 올솝 건축의 색채 사용
특징에 관한 연구」, 『한국색채학회
논문집』, 제29권 2호, 2015, 31면.

56 Will Alsop, La Fosca Beach
Hotel's Model, Palamos, Spain,
2010
올솝은 현대 건축과는 완전하게
차별된 아방가르드 관점으로
유명하다. 산업적 거침, 명백한
라인, 밝은 색채 계획, 예술적
대담함, 이미지적 형태, 비정형적
패턴 등이 올솝의 스케치나 목업
과정에서 그의 개념이 반영되며
색채와 일치한다. 나무 위의 집을
상징하는 이 호텔의 테마처럼
비정형적 형식과 상상적 건축을
드러내는 대담한 색과 정형적이지
않은 색의 배열, 그리고
이미지적 패턴으로 구현된다.
건축가이면서 화가로 활동하고
있는 그의 독창적 작업과 발상
과정은 회화적이고 조각적인
매스와 조화되는 강렬한 색채를
통하여 사용자들에게 활발한
참여와 적극적 상호 작용을
불러일으킨다.●

57 Sauerbruch Hutton, BSU
Building, Hamburg, Germany,
2013
후톤은 기능성을 기반으로
하는 감각적이면서 실용적인
건축을 중시하며 지속 가능한
환경의 재창조를 우선으로 하는
건축가이다. 다양한 색의 배열로
나타나는 그의 색채 사용 방식은
건축 색채의 다양한 가능성을
제시한다. BSU 빌딩은 사무실
건물이면서 패턴의 복합적인
외피가 특징이다. 붉은색의
강렬한 대비와 초록의 이입으로
전체 건축물이 독특하고 특색
있는 배색으로 바뀌었다.

57

58 Sauerbruch Hutton, Cologne Oval Office, Köln, Germany, 2009
전체 건물을 뒤덮고 있는 각각의 컬러 덧문이 정면을 향해 수직 방향으로 세워져 있어 시선에 따라 각기 다른 색채 효과가 드러난다. 30여 개 이상의 다색 배열과 불규칙한 색채에 의해 일렁이는 색채 현상을 경험할 수도 있다. 붉은색과 녹색의 상반된 색상에 색조의 변화를 줌으로써 후톤만의 독특한 배색 특징이 강조되었다. 색채가 건물의 형태와 매스를 따라서 유선형의 곡선으로 나타나면서 건물의 접근 경로에 따라 색의 면적 변화도 알 수 있다. 다수의 색, 불규칙하고 비균질적인 방식, 건물 전체를 덮어 버리는 색 면이 그대로 건물의 파사드가 되면서 독특하고 강렬한 후톤만의 색채 정체성을 드러낸다. 색유리는 질료의 속성만으로도 다양한 빛의 변화를 보여 주고, 색채 블록에 의한 불규칙한 패턴은 빛의 방향과 각도에 따라 반사도의 변화를 보이면서 색의 유동적 현상을 나타낸다.

58

59 Sauerbruch Hutton,
Brandhorst Museum,
München, Germany, 2008
3개로 이루어진 건물의
볼륨을 각기 다른 색조로
구분하여 배색하였으며,
불규칙한 텍스처와 같은
패널을 사용했다. 빛의 각도와
강도의 변화에 따라 색채의
글레이징 현상을 볼 수 있으며,
수직 수평의 이중 색채 구조에
의한 현상이 더욱 극대화된다.
불규칙한 패턴의 색채는
외관에 유동적인 착시 현상을
만들어 더욱 강한 시각적
효과를 끌어낸다. 마치 색 점을
찍은 것처럼 빛과 작용하는
현상 색채로 강렬한 인상을
준다.

59

2 사용자의 지원 체계

친근한 색, 다양한 색, 반응하는 색, 즐거운 색의 가치

지원성Affordance은 유기체가 어떤 것을 수행하기 위하여
행동하고자 할 때 환경이나 기타 도구에 의해 편리하게
지원받을 수 있는 것을 의미한다. 손잡이가 있는 것은 없는
것보다 편리하며, 설명이 없는 것보다는 설명이 있는 것이 훨씬
편리하다. 디자인에 있어서 지원성은 애써 이해하지 않으려고
해도 이해되는 상황을 의미한다. 디자인과 지원성의 관계는
사용 방식에서 이전의 경험을 추론하여 디자이너의 의도대로
제시된 사용법을 의미한다. 따라서 지원성은 다른 말로는
행동 유도성이라 할 수 있다. 후카사와 나오토Fukasawa Naoto는
지원성을 〈사물이 마치 말을 걸어오는 것처럼 느끼는 형상이나,
형태의 조형에 있어서 단서가 되는 중요한 개념〉이라고
정의하였다. 행위는 의도에 따른 행위와 자기도 모르는 사이에
행하는 행위가 있다. 이런 자의식적 행위와 본능적 행위 두 가지
중에서, 후자인 본능적이고 무의식적 행위가 우리가 인식하고
있는 것보다 훨씬 더 큰 영역을 차지할 수도 있다. 따라서 이런
행위를 유발하는 것은 환경에 용해된 잠재적 지원 가치와 환경에

내포된 가치를 발견하고 조화시킴으로써 가능하게 된다. 색채의
지각은 인간-환경의 상호 교환 시스템으로 자극과 반응의
관계로 설명되며 다양한 심리적 반응을 유발하는 자극원이다.
색을 느낀다는 말은 생각과 인식을 동시에 활성화하는 감각
또는 본능적 반응을 일으키기 때문에 색채는 단순히 보이는 것이
아니라 색 감각을 통하여 지각하거나 인지하게 된다. 이처럼
색은 인간에게 형태보다 강한 의미의 전달 기호로서 심리적
작용을 한다. 우리가 위험을 알릴 때 사회적 기호 체계들을
색으로 표현하는데, 특히 즉각적 인지를 기대하는 곳에 색을
사용하는 것은 색채의 지원적 가치 때문이다.

건축가 장 누벨Jean Nouvel은 〈물질에 사인이나 글을 중첩하는
건 서예부터 로고까지 다양한 분야에서 광범위하게 자주
사용되었던 기법이다. 그것들이 모든 종류의 예술에 사용될 때,
강력한 효과를 가지게 된다. 난 그것들, 어떤 특정한 사인들을,
서로 연결되고 중첩된 서로 다른 평면에 특성을 부여하는
기법으로써 종종 사용해 왔다. 건물의 성격과 관련된 다양한
유형의 사인들을 연계하거나 다룬다고 해도 재료나 질감에서
오는 특성, 또는 표면의 중요성 등이 점점 더 중요해진다〉라고
말했다. 사인과 연계되는 색채 역시, 지원성을 가진 색채의
사용 기법으로 볼 수 있으며, 공간을 인지하는 데 매우 중요한
역할을 한다. 지원적 가치를 지닌 색채는 현대의 건축에서
친근하고 실질적인 색채로의 전환을 의미하는 것으로 미래의
건축 색채가 가지고 가야 할 방향으로 제시된다. 건축 색채는
지역의 문화적 특수성이나 일상에 대한 표현, 즐거움을
나타내는 측면을 강화하는 데 사용되며 현대 건축 색채의
중요한 가치로 평가된다.

건축 색채는 사용자 개인의 가치 추구와 함께 집단적 가치, 사용자의 문화적, 지역적, 경험적 배경을 기저로 특히 현대 건축의 패러다임이 수동적 체계에서 능동적 체계로 변화하면서 인간의 정서와 적응, 심리적 차원에 부합되는 교감 공간을 만들어 내는 중심 역할을 한다. 교감 공간은 사용자를 중심으로 하는 참여 디자인Participation Design을 의미하며, 적극적 체험과 사용자를 고려한 디자인을 수행하기 위해 색채가 사용된다. 인간의 행위를 지원하는 색채는 환경 안에서 경험되기 때문에 공간의 특성을 나타내며 인간의 행태를 지원하게 된다. 공간에 도입되는 색채는 자극과 반응을 유도하는 자극 매체로 인간 행동을 활성화할 뿐만 아니라 공간을 구분하거나 한정함으로써 사용자의 행태를 조절한다. 건축 색채는 공간 인지와 시간을 중심으로 하는 연속적 공간 경험을 통하여 이루어지므로 지각의 주체로서 유기체를 인식하는 관점으로 접근되어야 한다. 과거의 건축 색채가 상징적이고 권위적인 관점으로 사용되었다면, 지금의 건축 색채는 대중의 관심을 표현하고 대중이 표현하고자 하는 것을 대신 구사함으로써 세분된 대중을 묶어 내는 데 중요한 역할을 한다. 수용자 참여를 유도하는 건축 색채는 보이기 위한 일방적 관점에서 집단의 감정을 수용하기 때문에 건축 색채의 직간접적 표현은 대중의 정서를 나타내고 대중의 정서를 창출한다.

60

60 Jean Nouvel, The Hotel, Luzern, Suisse, 2000
장 누벨은 〈공간을 구성하는 기술〉뿐만 아니라 〈이미지를 생산하는 작업〉도 중시하며, 보이는 것에 중요한 가치를 부여한다. 시각적 기대감, 순간적 자극과 표현을 중시하여 이를 색채로 만들어 낸다. 특히, 사용자에게 공간을 이해시키거나 상호 작용을 유도하고 참여할 수 있는 관점으로 색을 사용한다. 사실적이고 설명적인 이미지는 사람들에게 교감하는 공간으로 의미를 주게 되고 대중 기준에 맞는 사실적 이미지는 건축에 입혀지게 된다. 스크린과 같은 외피 창출과 화면 같은 입면의 추구는 색을 도입하기 위한 표면과 채색의 배경이 되며, 여기에 다양한 이벤트와 사실적 이미지들을 담아냄으로써 간결하지만 오히려 강한 특징을 드러낸다. 이미지를 중시하는 장 누벨의 색채 특징이 이 호텔에서 명확하게 나타난다. 구조와 연관되지 않은 표피적 성질을 나타내는 스크린과 같은 색 면은 이미지에 의한 자극을 극대화하는 요인이 된다. 대중문화와의 소통으로 접근하는 그의 색채 기법은 건축가의 의지와 함께 사용자들에게 적극적으로 전달된다.

61 Jean Nouvel, Serpentine Gallery Pavilion, Kensington Gardens, London, UK, 2010
〈건축은 대화이다〉라고 이야기한 장 누벨의 말처럼 건축은 사람 혹은 공간과 대화하는 환경, 상호 작용하는 환경을 연출하는 데 중요한 관점을 내비친다. 빛, 꿈, 색으로 명시된 서펀틴 갤러리 파빌리온은 초경량 소재인 폴리카보네이트를 사용하여 움직일 수 있도록 제작되었다. 붉은색 빛으로 샤워하는 것 같은 공간은 사람들의 눈을 자극할 뿐만 아니라 빨간색으로 용해되는 풍부한 색을 경험하게 한다.

61

1부 공간의 색

62 Jean Nouvel, Guthrie
Theater, Minneapolis, USA, 2006
화면으로서의 입면, 스크린과
같은 표현은 건물의 표면을
화폭처럼 만들었다. 단어나
스펠링, 이미지를 적용한 건물은
광고 효과를 극대화하는 데에
도움이 된다. 거스리 극장의
경우 노란색 유리를 통해 밖으로
보이는 전경에서 노란색의
그러데이션으로 만들어진 색
환경을 경험하게 된다. 투명과
반투명, 밝음과 어두움과 같은
극명한 대비 효과를 통해 혼성된
색채가 구현되며 색채의 지원
효과는 더욱 커진다.

1부 공간의 색

63 Scott Brownrigg, Google, London, UK, 2011
런던의 구글 회사가 입주한 건물로 16만 제곱미터 공간에 원색의 구글 로고 모양으로 장식한 실내가 인상적이다. 역동적이며 색채가 풍부한 건물의 정면은 구글의 정체성으로도 이어진다. 친근하며 경쾌한 구글 컬러가 주는 느낌이 도시의 이미지를 새롭게 바꾼다.

64 Scott Brownrigg, Google Office, London, UK, 2011
사무실은 대부분 지루하고 단조로운 업무 환경을 가지고 있다. 하지만 구글은 창조적인 일을 하는 회사로, 말로 설명하지 않으면서도 충분히 자신들의 정체성을 알리고 있다. 이 공간은 사원들에게 영감을 줄 뿐만 아니라 충분한 휴식의 기회도 만들어 준다. 거대한 구글의 로고와 벽체는 채도가 높은 색으로 표현되어 더욱 즐겁고 재미있는 업무 환경을 만들어 준다.

64

65 Helen & Hard, Vennesla Library and Culture House, Vennesla, Norway, 2011

문화가 발달하고 경제 수준이 향상되면서 도서관은 단순히 책을 읽거나 빌리는 공간에서 벗어나 주민 문화 센터로서 지역 소통 공간의 역할도 하게 된다. 건물의 전체 구조가 나무로 만들어졌으며, 내부 공간으로 이어지는 건축의 주재료인 밝은 나무색은 높은 거주성과 친근감을 강조한다. 또한, 책장과 의자가 연결되어 있어서 앉거나 누워서 책을 읽을 수 있는 자유롭고 유연한 공간도 특징이다. 좌석에 도입된 파란색은 도서관의 강조색이자 행동의 지원성을 강조하는 색으로 볼 수 있다.

66 MVRDV, Hagen Island Housing, Hague, Netherlands, 2003

2~8개의 개별 세대로 구성된 각각의 유닛은 개별적인 단일색으로 지어졌다. 사용 재료는 루프 타일, 알루미늄, 우드 싱글, 폴리우레탄, 코러게이트Corrugate 보드 등이다. 다양한 재질이지만 벽과 지붕을 하나의 같은 색으로 처리해 마치 그림책 속에 등장한 집처럼 보인다. 채도 높은 다양한 색채로 매우 독특한 경관이 만들어져 거주민에게 더욱 친근하고 즐겁게 살 수 있는 주거 단지를 형성하고 있다.

65

66

67

67 Martin Lejarraga, Public
Library and Reading Park,
Murcia, Spain, 2007
선형 구조의 중정이 형성된
도서관을 중심으로 하는 복합
공간. 공원과 함께 숙박을
제공하는 공간도 만들어졌다.
건축가는 다색의 자유로운
스케치와 콜라주 기법을
선보였다. 외부의 유리창뿐
아니라 도서관 전체와 바깥의
바닥까지 강렬한 색채가 들어가
마치 거대한 색채 공원처럼
꾸며졌다. 다색 유리와 오브제로
꾸며진 공간에서 색채의 즐거움을
느낄 수 있다.

1부 공간의 색

68 Yi Architects, Stuttgart Municipal Library, Stuttgart, Germany, 2011
슈투트가르트의 지식과 문화 공간으로 건립된 시립 도서관으로 조용한 도시의 발전을 상징하고 있다. 과거에 교회가 도시의 중심이었다면, 이제는 어느 곳에서나 볼 수 있는 입지적 조건과 더불어 사람들이 사용하고 직접 정보를 얻을 수 있는 도서관이 이 도시의 상징으로 자리 잡았다. 내외부 모두 흰색을 기반으로 한 무채색이지만 밤이 되면 다양한 조명색으로 외관이 완전히 바뀐다. 도서관 내부의 좌석은 밝은 하늘색으로 좌석과 일부 공간에만 들어가 도서관의 주된 색과 대비된다. 이처럼 색으로 구분된 영역은 경계를 확실하게 구획하지 않더라도, 사용자가 쉽게 각 공간을 구별해 움직일 수가 있다.

69

69 Moore Ruble Yudell, Santa
Monica Civic Center Parking,
Santa Monica, USA, 2008
햇빛이 풍부한 캘리포니아의
자연광을 저장하여 조명
에너지로 사용할 수 있도록
설계되었다. 지속 가능성을
기반으로 설계된 건물로 900대의
자동차를 수용할 수 있는
주차장과 유리 패널로 꾸며진
외관은 다양한 색을 연출한다.
밤에는 건물 외관에 조명이
더해져 화려하면서 빛나는
분위기로 전환되고 일반적 주차
공간의 개념까지 바꾸었다.

3

환경과의 작용 체계

건축 색채는 문화 형성의 매체가 된다

문화의 사전적 정의는 예술이 총괄적으로 간주하는 인간의
지적 성취의 발현으로써 집단의 관습, 생각, 그리고 사회적
행동을 의미한다. 이는 인간이 공동 사회를 이룩하여 그
구성원이 함께 누리는 가치 있는 삶의 표현 양식이다. 표현의
체계는 언어, 종교, 지식, 도덕, 풍속, 제도 등이다. 문화는
디자인과 소통이라는 관점에서 볼 때, 인간의 사고로 형성된
모든 의미 있는 인공적 표현, 즉 의식적 상징화 과정으로
형성된 총체적 결과이다. 문화적 관점으로서 건축 색채는
도시와 환경의 문화 안에서 깊게 짜여 있어서 공동체의 의미를
상징적으로 나타내며, 정체성을 나타내고 표현하는 도구가
된다. 그러므로 건축 색채는 문화적 코드에 따라 해석되고
인지되며, 어떤 문화를 가졌는지에 따라 색채 가치도 다르게
평가된다. 건축 색채는 개인이나 집단의 문화적, 사회적 의식의
형성 체계에 따라 동일 집단일 경우 같은 경향을 나타낸다.

맥락적 색채는 시간과 환경과의 상호 작용으로 형성된다

건축가 마이클 그레이브스Michael Graves는 자신의 에세이에서
비유적 건축Figurative Architecture을 언급하면서 〈맥락의 의미는
《주변의 자연과 고전주의 전통》으로 주변의 것들을
고려하면서부터 생겨난 용어이며, 주변의 것들이란 어떤
범위의 동질 지역에 있는 것들을 의미한다〉라고 했다. 그는
건축은 자연, 고전주의 전통과 연계해야 한다고 주장한다.
건축과 사진, 사물에 관한 다양한 책을 저술한 브렌트 C.
브롤린Brent C. Brolin에 의하면 맥락의 의미는 하나의 체계가 그를
둘러싼 환경 안에서 의미를 지니며 존재하는 것을 뜻한다.
맥락적 건축은 그 주변 환경과 적합하고, 자신과 주변 환경을
이해한다는 의미로 볼 수 있다. 따라서 맥락적 색채는 주변과
조화를 이루면서 지속해서 공통성을 유지하려는 집단적
색채를 의미한다. 문화와 지역과의 밀접한 상관성을 지닌
맥락적 색채는 집단의 의식 구조와 일치하는 경향이 있다.

●
박돈서, 『건축의 색, 도시의 색』,
(서울: 기문당, 1996), 133–134면.

　　환경 색채로서의 도시 색채는 오랜 기간 수립되어 온
기조색을 바탕으로 한 배경색으로 다양한 인공 구조물,
지역성을 담아내는 자연 경관과 같은 의미로 해석된다. 환경의
색채에 관해 한 나라나 민족의 특성을 추구하기보다는 기후,
풍토, 자연 경관, 그 지역에서 산출되는 건축 재료와 사회적,
경제적 특색이 그대로 배어 나와 지역이나 도시의 고유색을
형성하는 것이다.* 이처럼 고유색은 그 지역의 기조색이며 자연
발생적이고 가장 이상적인 색채이다. 따라서 도시의 색채는
기조색을 나타내는 가장 대표적 인공 건조물이자 환경 색채가
되는 것이다. 그러므로 건축의 색채는 사람과 환경과의 관계

1부 공간의 색

형성을 위한 도구로 작용한다. 건축의 색채는 건축을 담고
있는 환경과 사용하는 사람들과의 관계적 구조를 고려한 혼합
구조로 형태, 공간, 사람과 환경이 결부된 체계로 이해해야
한다. 건축의 색채는 건물에 도입되고, 그 건물은 인간을 담는
환경이 된다. 따라서 환경과 환경 간에, 환경과 인간 간에
작용하며 일정한 색에 익숙해지기도 하고, 상호 작용하지 않는
색이나 배경은 삭제되기도 한다.

   건축의 색채는 무의미한 공간에 풍성함을, 무감각에서
감정적 작용을 불러일으킴으로써 인간과 건축의 관계성을
끌어낸다. 이는 주위 세계에 대한 적극적인 작용이며 능동적
반응으로 무의식적이지만 능동적으로 시각 세계를 구성하게
된다. 시각은 대상들을 기계적으로 기록하지 않고 구조적으로
기억하며, 경험에 의한 통합적 지각을 수반하는 것이다. 건축의
색채 역시 환경과 색채의 단순한 결합이 아니므로 단순한
표면 자극이 아닌 작용적이고 역동적인 과정으로 파악해야
한다. 김길홍은 「자연색 체계와 환경 색채 계획」에서 환경
색채는 환경과 색채의 단순한 언어적 결합이 아니라 그 사이에
내재하는 〈관계성의 탐구〉에 가치를 두어야 한다고 했다.
환경의 색채는 환경과 색채 사이에서 인간을 중심으로 상호
작용에서 일어나는 지속적인 문제들로 사회적이고 문화적인
의미에서 이해되기 때문이다. 건축의 색채는 환경과의 관계
속에서 이해되는 총체적 경험으로서 시간과 공간의 다양성을
지니는 환경 색채로 이해되어야 한다고 말하고 있다. 색채는
역사적으로 모든 문화권에서 종교, 신화, 전설, 예술 등 상징과
은유로서 중요한 역할을 하며 다양한 메시지를 전달한다.
색채가 메시지의 형태로 전환되는 것은 색이 가진 직설적

특징으로 즉각적 반응을 가져오기 때문이다. 현대 건축의
색채는 지각의 주체로 사용자를 인식함으로써 사용자의
심리적 욕구를 수용하고 그들의 정체성을 구현하면서 색채의
실존적 가치를 형성하는 데 사용된다. 특히 현대 건축이
인간의 다중 감각을 지원하는 체계로 변모하면서 건축과
사용자 간의 상호 작용을 극대화하는 것에 관심이 크다. 건축
공간은 건축물과 그것을 지각하는 인간과의 상호 관계에 의해
의미를 형성하며, 양자의 관계는 인간의 오감을 통한 지각을
매개체로서 시각에 따른 지각의 비중이 커지면서 색채에 의한
상호 작용을 어떤 방식으로 극대화할 것인가에 초점을 두고
있다.

70

70 Harbor Town of Yialos,
Symi Island, Greece

71 Schmidt Hammer Lassen,
ARoS Aarhus Art Museum,
Aarhus, Denmark, 2011
슈미트 하메르 라센이 설계한
박물관에 현대 미술 작가인
올라푸르 엘리아손Olafur
Eliasson이 건물 상층부에
파노라마 무지개를 입혔다.
52미터 지름과 3.5미터 높이의
무지개 파노라마는 새롭고
장엄한 공간으로 만들었으며,
마치 하늘을 걷는 것처럼
시시각각 변하는 빛의 세계로
사용자를 안내한다. 바라보는
위치에 따라 각기 다른 색의
도시를 보게 되며, 계획된
개념과 맞는 색들은 완벽한
파라다이스를 상징하는
산책로가 되었다.

71

72 Steven Holl, Chapel of St. Ignatius, Seattle, USA, 1997
스티븐 홀은 환경의 변화나 빛의 변화로 색의 점진적 변화를 추구한다. 그가 색을 나타내는 방식은, 재료로 표현되는 것이 아닌 태양으로 그늘과 그림자에 의한 색채로 나타나며 입사각의 변화에 따라 색의 면적이 변화되면서 표면에 펼쳐진다. 이처럼 자연환경의 변화에 따라 지속해서 색 범위의 변화를 추구하고 있으며, 환경과 작용하는 색에 대한 적극적 방식을 치밀하게 연구하고 이를 건축에 실현하고 있다.

73 Kirchsteigfeld, Germany
넓은 의미에서 도시 주거의 색채는 하나의 도시나 국가를 대변하며 문화적 가치를 전달하고 유지하는 수단이 된다. 그러므로 거주 환경의 색채는 보편적 매체로, 문화적 정체성을 생성하는 기반으로, 역사적 연속성과 지역의 가치를 형성하고, 시대의 사고 기반의 표현 체계로서 문화 가치를 설명하는 키워드가 된다. 인간이 만든 환경 시스템인 도시는 그 장소에서 살아온 사람들의 흔적이자 삶의 반영에 의한 결과이다.

73

74 Brooks+Scarpa,
Contemporary Art Museum,
North Carolina, USA, 2011
1910년에 지어진 벽돌 건물을
개축했다. 입구 부분은 접힌 종이
형상으로 나비의 날개와 같은
형태와 질감을 지닌 캐노피가
미술관의 특징을 강하게
나타낸다. 빛과 떠 있는 부유의
상태를 재현하면서 오늘과 어제
사이의 긴장감을 디자인의
개념으로 표현했다. 캐노피는
누에고치에서 나비로 변화하는
개념을 상징화한 것이다. 투명한
경계이자 타원형으로 겹쳐지는
회색은 태양에 의해 투과도를
달리하면서 빛과 흰색의 대비
현상을 강조한다.

75 Steven Holl, Horizontal
Skyscraper Vanke Center,
Shenzhen, China, 2009
호텔과 사무실, 아파트, 공공
공원을 포함한 복합 용도의
건물이다. 심천의 수평 마천루로
불리는 이 건물은 물과 잔디
그리고 바다 위에 떠 있는
형상으로 디자인되었다. 공공
공간의 새로운 유형을 만들어
냈을 뿐만 아니라, 건물의 들려진
밑면에 사용된 붉은색과 노란색,
파란색이 조명에 비쳐 물 위로
색을 반사한다. 건물 외부를
덮은 블라인드 형식도 빛에
따른 변화를 보이면서 색, 물,
하늘의 색채가 표면색과 반사색,
투영색으로 작용하면서 색이
극대화된다.

거대한 쇠기둥으로 만든 서로
다른 높낮이의 공간에 리본
같은 형식의 산책로가 이어진다.
역동적인 물결 형태의 패턴은
난간을 특별한 공간으로 만든다.
알루미늄과 두꺼운 나무로 겹친
난간과 지붕으로 이어지는 부분에

붉은색을 사용했다. 불규칙한
형태가 뚫어지면서 투과된 형태와
면이 지속해서 겹쳐지고, 겹쳐진
형태 사이로 빛이 투과되고
산란하는 색의 효과가 극적으로
나타난다.

76

77

78

79

77 SANAA, Serpentine Gallery Pavilion, London, UK, 2009
물결과 같은 형상을 그대로 나타내기 위해 반사 알루미늄을 사용하고 있으며 여기에 나무의 형상도 그대로 반사된다. 수직 기둥의 파빌리온은 연기처럼 나무 사이를 자유롭게 떠 있는 것처럼 보이며, 주변의 모든 변화를 그대로 나타낸다. 금속의 반사체가 가질 수 있는 공원의 모습이 캐노피에 반사되면서 마치 알루미늄에 새겨진 연속된 사진처럼 보인다.

78 Bernard Bühler, Residence Origami, Toulouse, France, 2012
형태와 색채의 겹침이 종이를 접은 것과 같은 형태의 주거용 건물이다. 보는 방향에 따라 다른 형태와 색채의 파사드가 형성된다. 여기에 전체 입면에 다각형이 연상되는 불규칙한 창의 패턴과 난간, 안과 밖에서 각각 다른 색채의 변화를 나타낸다. 겹쳐진 형태와 색이 수직형 나무 루버와 같이 연결되고, 연두색 플라스틱 루버에 투과색이 나타나면서 빛을 차단하는 효과와 함께 색 그림자도 나타난다.

79 Bernard Bühler, Rainbow Residence Arc En Ciel, Bordeaux, France, 2013
주거와 사무실이 복합적으로 구성된 곡선형의 콘크리트 건물에 다색의 유리 루버가 역동적이고 화려한 테라스가 되었다. 다색의 컬러 글라스는 자외선 차단뿐만 아니라 주민들에게 안전함을 주며 공간의 즐거움을 극대화한다. 특히 거주 공간이 루버 안쪽에 자리함으로써 테라스와 통로에 부여된 화려한 클래딩 기법의 색채로 인해 색 그림자가 형성되면서 거주민과 보행자들은 극대화된 색 공간을 경험하게 된다.

80

80 Jordi Herrero, Sebastián Escanellas, Polideportivo Sports Hall, Palma de Mallorca, Spain, 2005
용도에 일치하는 체육관 건물로 활동적 이미지를 강조하는 색채가 외부에 나타난다. 반투명한 폴리카보네이트로 마감된 외부는 〈에너지〉를 상징하고 있으며 빛에 투과된 색채는 체육관 내부를 즐겁고 활력 있게 만든다.

2부   시간의 색

1   형태의 색채

건축의 색채는 빛과 그림자 그리고 형태와 함께 인식된다

건축의 색채는 공간의 모든 이미지를 구체화하며 형태와
구조뿐 아니라, 재료와 텍스처를 명확히 한다. 다른 디자인
분야와 달리 삼차원 이상의 입체, 즉 볼륨과 매스가 동시에
인식되기 때문이다. 따라서 그 어떤 시각 분야보다도 건축의
색채는 유기적 속성이 잘 나타난다. 건축 색채는 공간의 깊이와
속도에 따른 지각으로 건축을 하나의 대상, 즉 존재하는 물질로
인식하여 건축물의 내외부에 디자인된 공간을 입체적 캔버스로
인식한다. 특히 형태의 색채는 빛과 그림자로 공간에 실제
구현되는 물질을 중요하게 생각하여 건축을 〈대상으로 칠하는
색채〉로 본다. 과거에는 건축 색채의 모든 체계가 형태의
부수적 개념으로 자리 잡았으며, 형태의 색채에서 간과했던
분야는 바로 시간의 관점이다. 건축의 색채는 시간에 의해
비균질적인 현상을 나타내는 비표준적 대상으로 인식하지
않았다. 형태 색채로서의 관점은 빛과 그림자의 작용에서
비롯되지만, 〈시간〉을 중요한 요소로 인식하거나 명확하게
설명하는 체계조차 없었다. 그러나 삼차원의 건축 색채는 빛과

그림자에 의해, 즉 정지된 공간 속에서 주변 환경의 변화에
의해 사차원으로 구체화될 수밖에 없다. 변화하는 빛의 물리적
속성에 가장 영향을 받는 색채가 바로 〈형태의 색채〉이다.
루이스 칸Louis Kahn은 1969년 2월 취리히에서 개최된 「침묵과
빛」 강연에서 필립스 엑서터 아카데미 도서관은 〈빛이 있는
주변에서부터 설계가 시작되었다〉고 밝혔다. 그가 〈침묵과
빛의 건축가〉라는 사실로 널리 알려진 이유이다.

형태 색채는 입체 색채이며 색의 혼합 효과를 나타낸다

색은 관념으로 존재하며, 색채는 대상을 만날 때 비로소
존재하게 된다. 그러므로 건축 색채는 작가의 아이디어
안에서만 존재한다. 아이디어는 실재 공간에 시공되는
순간부터 사용자와 관람자의 몫이 된다. 그러나 그동안
건축에서는 형태의 색채를 이차원적 배색과 배열의 조화
정도로만 다루었다. 형태의 색채는 시간이 포함된 입체라서
색채 조화로 설명하기에는 부적합하다. 건축에서 색의 측정은
많은 제한적 조건을 지켜야 하지만, 보는 방향에 따라 색
면적의 변화가 나타나며 빛의 조건이나 형태에 의해 그늘과
그림자의 색으로 전환되기 때문이다.
　　스위스의 화가이자 바우하우스의 교사였던 요하네스
이텐Johannes Itten은 색채의 조화Theory of Color Harmony를 〈두 가지
이상의 색 혼합의 효과〉*라고 하였다. 그러나 두 가지 이상의
색들끼리 섞은 효과는 색채의 조화를 설명하는 내용으로는
지나치게 포괄적이다. 왜냐하면, 충격적이고 조화를 이루지
못하는 혼란스러운 색들의 혼합도 포괄해야 하기 때문이다.

*
2색 배색, 분열 배색, 보색 배색과
같이 보색에 가까운 색으로
배색하거나, 3색 배색, 4색 배색,
색상환의 3등분, 4등분 위치의
색으로 배색하거나, 5색 배색
색상환의 5등분 배색이나,
3색 배색에 하양과 검정을
연결시킬 때, 6색 배색 색상환의
6등분 배색, 4색 배색에 흰색과
검정색을 연결시키면 조화를
이룬다고 하였다. 박연선, 『색채
용어 사전』(서울: 예림, 2007).

색채 조화란 정확히 말하면 〈기분을 좋게 하는 두 가지 이상의 색 혼합의 효과〉이다. 색 또는 색채 결합의 선호는 대부분의 사람들이 모두 다르므로, 선호하는 혼합이 미학적으로 타당하지 않을 수도 있다. 일반적으로 조화로운 배색은 목적에 따라 다르다. 색채의 배열 자체는 조화로울 수 있으나, 같은 색의 조화도 어떤 경우에는 성공적이나 어떤 경우에는 실패일 수 있다. 같은 건축의 색채가 어떠한 환경과 요소에 놓이느냐에 따라 다르기 때문이다. 또한, 색을 다루는 전문가들은 색의 결합을 통해 어떤 효과를 주는가에 따라서 색채를 사용할 때 색채 효과라는 핵심적 문제를 해결하는 데 어떠한 요소가 건축의 색채와 함께 적용하는지도 중요하게 생각한다. 건축에서 형태의 색채는 건축가 직관으로 형성된 디자인에 의한 색일 때 더욱 명확하게 드러난다.

　　색채의 효과는 두 가지로 분류한다. 첫 번째는 배색의 아름다움이나 즐거움에 대한 전통적 개념이다. 두 번째는 시각적 충격, 즉 어떤 디자인이나 이미지가 시각적 힘을 갖도록 하는 색채 선택의 결과이다.[••] 현대 건축에서 형태의 색채는 두 번째를 선호하는데, 이는 프로이트의 〈이상한 골짜기 Uncanny Valley〉에서 비롯되었다고 보면 된다. 보편적인 색채의 효과는 색과 색 자체의 어울림에 중심을 두어서는 안 된다. 앞서 강조했듯, 건축의 색채는 이차원에서 이야기하기에 많은 문제가 있다. 색의 혼합은 배색과 배열이 되는 건축물의 크기와 건축물에 적용된 마감재의 소재와 질감, 그리고 색채를 전달하는 빛에 이르기까지 여러 가지 요소를 고려해야 한다. 그러므로 형태의 색채는 배질(配質)이나 배광(配光)도 함께 고려해야 한다.

••
린다 홀츠슈에, 『색채의 이해』,
윤희수 옮김(고양: 미술문화,
1999), 144~145면.

형태의 색채는 질료의 성질과 조명으로 변화한다

형태의 색채에서 질료는 근본적인 색의 근거가 된다. 질료는
재질에서 그 성질이 나타나기 때문에 텍스처와 광택도가
중요하다. 특히 간과하기 쉬운 색채의 규모를 포함하므로
민감하게 작용한다. 일반적으로 건축에서 형태의 색채는
지역적 특수성에 대한 언급이 대부분이었다. 물론 지역의
색채를 형태 색채의 소재로 활용하는 것은 올바른 방법이다.
그러나 이때 지역의 색채는 그 지방의 자연조건인 습도와 온도,
풍속과 강수량 등에 대한 관점이 반영되어야 한다. 주변의
물리적 경관과 대기의 상태를 포함하기 위해 우리는 기후, 지형,
계절 등 시간의 흐름을 대입하는 것이 필요하다. 기후의 조건이
되는 태양의 일사 시간, 빈도, 빛의 각도에 따라 형태의 색채는
달라진다. 기후는 선명한 날과 흐린 날로 나누어 형태 색채의
질료 변화를 볼 수 있으며, 특히 자연의 색은 지속해서 예측할
수 없는 방향으로 변화하는 데 반해, 인공의 질료는 보통 예측
가능한 범주 안에서 일정한 시간이 지나면 변화한다. 지형은
산지, 평지, 해변, 인간이 그 지역의 지리적 환경에 적응하는
경향이 짙다. 특히 지형은 빛의 각도와 빈도에 영향이 크다.
봄에는 연두와 붉은색, 여름에는 녹색, 가을에는 붉은색에서
갈색 계열로 변화하면서 명도가 점점 낮아지며, 겨울에는
어두운 짙은 갈색과 흰색의 무채색으로 흘러간다.

　　형태의 색채에서 질감은 보는 거리와 각도에 따라 오차
범위가 클 수밖에 없다. 형태의 색채는 빛의 영향을 지속해서
받기 때문이다. 질료는 표면의 질감과 같은 시각적 특성과
발색의 성능처럼 물리적 특성을 통해 텍스처와 광택도를
결정짓는다. 예를 들어 원단의 광택과 짜임, 석재나 목재처럼

자연 재료 표면의 광택과 재질감, 플라스틱의 내구성 등 각각의 소재가 지닌 특성에 따라 다르게 나타나기 때문이다. 이처럼 질료는 그 자체로 용도와 디자인을 결정짓는다. 따라서 디자인이 같더라도 질료가 바뀌면 그 이미지는 완전히 다르게 변모한다. 즉 촉감, 드레이프, 표면감과 같은 질료의 성질(텍스처, 광택)은 채색과 더불어 제2의 언어로서 형태 색채에 큰 영향을 미친다. 같은 건축의 공간에서도 질료 차이에 따라 공간은 다르게 조직되고, 그 이미지는 시각적 상호 작용에 영향을 받는다. 건축에서 색채의 수나 질료의 속성에 제한을 받을 경우, 재질의 질감을 적극적으로 이용하여 변화를 꾀는 것도 하나의 방법이다. 물론 재질감이 지나치게 두드러지거나, 그 건축의 색채가 강하여 다른 디자인 요소에 영향을 끼친다면 질료의 속성을 약화해야 한다. 혹은 질료의 속성에 충분한 정보 없이 사용할 경우, 건축의 색채는 작가가 원하던 방향으로 질료를 구현하기 어려운 경우가 생길 수도 있다. 그러므로 조도Illumination와 휘도Luminance의 이해가 기반이 되어야 한다. 환경이나 시간에 따라 의도했던 건축 색채의 효과는 제대로 발휘되지 않거나 변색, 퇴색되어 소재 자체에 물리적 영향을 끼치기도 한다. 따라서 형태의 색채에서는 빛과 그림자의 작용뿐 아니라, 조명의 질과 양도 고려해야 한다.

형태의 색채는 세 가지 건축의 색채로 분류한다

형태의 색채는 스펙트럼에 의해 따뜻한Warm 건축 색채, 중성적 Neutral 건축 색채, 차가운Cool 건축 색채로 분류한다. 이는 색채학에서 다루는 노랑 기미와 파랑 기미의 정도에 따라 색 뉘앙스가 나뉘는 것과 같은 원리이다. 그러나 건축의 색채는

대부분 형상이 삼차원에서 이루어지기 때문에 색 뉘앙스가
더욱 복잡해진다. 말하자면 형태의 색채에서 가장 중요하게
다루는 빛과 그림자, 그리고 이 건축 색채에 실질적으로
참여하는 사용자의 지각에 의한 스펙트럼이 큰 영향을 끼친다.
빛과 그림자에 관여하는 조도는 단위 면접당 입사하는 광속을
말하며, 광원으로 비치고 있는 면의 밝기 정도를 나타낸다.
일상생활에서 우리가 경험하는 조도의 범위는 103~105
럭스부터 108럭스까지의 범위로 매우 넓고 다양하다. 이러한
조도는 빛 반사와 굴절로 매 순간 다르게 제시된다. 공간의
용도에 따라서도 다른 조도가 필요하며 활동 유형 및 각종
시설의 장소와 작업에 따른 조도 범위도 각각 다르게 나타난다.
리처드 마이어는 〈흰색은 움직이는 태양 빛 때문에 그림자의
변화와 계절의 흐름에 따른 다양한 빛을 표현할 수 있다〉
라고 하였다. 그는 자연색에서 가장 기본적인 흰색(엄밀히
말해서 자연색에서는 완전한 흰색, 완전한 검은색은 존재하지
않는다)을 건축물의 표면에 활용하면 솔리드Solid와 보이드
Void, 빛과 그림자의 유연한 연출이 가능하다고 믿었다. 특히
흰색은 전통적으로 완벽과 순수, 그리고 명료성을 상징하여
건축 공간을 이루는 디자인들의 힘을 강화해 건축 개념을 더욱
명확히 전달할 수 있다고 주장했다. 특히 추상적 공간이나 오버
스케일에 따른 건축 공간의 맥락Context을 질서화한다고 믿었다.
　　사용자의 지각은 건축의 색채를 바라보는 거리에 따라
근경, 중경, 원경의 관점에 따라 다르게 나타난다. 근경의
관점은 건축 색채를 가장 가까운 거리에서 관찰하는 것이므로,
건축에 칠해진 외장이나 질감이 그 공간에 작용하는 조명의
빛보다 또렷이 관찰된다. 따라서 건축의 색채는 때때로 거대한

81　Louis Kahn, Phillips
Exeter Academy Library, New
Hampshire, USA, 1965
이 도서관은 〈빛〉으로
빚어졌다고 일컬어진다.
공간 외부는 견고한 붉은
벽돌과 유리 및 우드로
모듈화되어, 모더니즘
시대에 흔히 볼 수 있는
보편적인 건축물과 같다.
그러나 내부로 들어오면
다르게 전개된다. 내부
공간은 독서를 위한 영역과
책을 보관하는 영역으로
분리되어 있다. 물리적으로는
최상층까지 오픈된
아트리움으로 구분되고,
비물리적 관점에서는
고측창Clearstory과 측광창Side
Light에서 내려오는 빛으로
강한 특징이 드러난다. 공간
내부는 뉴트럴Neutral 색인
콘크리트와 세월의 흔적으로
인해 다소 붉게 변한 오크
패널과 벽돌로 치장되어
있으며, 계속 움직이는
빛과 그림자로 건축 형태와
색채가 구현된다. 보편적인
재료와 색채를 섞어 구획된
도서관이지만, 최상층까지 총
3개 층을 오픈한 아트리움과
위치와 모양을 다르게
디자인한 창문은 채광의
효과로 형태 색채를 면밀하게
드러낸다.

81

82

82 Luis Barragán, Casa
Gilardi, Mexico City, Mexico,
1976
외벽은 단순한 기하학의
외형에, 좌측 벽체의
산호색과 우측의 밝은
적자색, 가운데의 라일락색
벽체를 기준으로, 마치 면이
분할된 것과 같은 모습을
보여 준다. 이러한 모듈은
내부 공간에서도 다양한
색으로 분할되어 나타난다.
색 면의 추상Abstract
Expressionism처럼 공간의
바닥, 벽, 천장의 면을
대상으로 진입되는 형태에
의해 들어오는 빛의 효과가
극대화된다.

색 면으로 인식되기도 한다. 중경 관점은 인간적 척도에서 다소
벗어난 거리이므로, 근경 관점보다는 건축의 색채가 더 균질해
보인다. 원경 관점은 인간적 척도를 완전히 벗어난 상태이므로
개개의 건물 색채로 나타나지 않고 때때로 주변 건축물에 의해
일부 건축 색채가 가려지거나, 조경으로 흐릿하게 나타난다.
따라서 건축의 색채는 거리를 배제하고 인식하는 관점에서
반드시 벗어나야 한다. 이는 관찰되는 거리에 따라 다른 형식과
형상으로 나타나기 때문이다. 그러므로 색을 인식하는 체계도
그것에 맞게 규범화되어야 할 필요가 있다.

2부 시간의 색

84

83 Le Corbusier, Unité d'Habitation, Marseille, France, 1952

로코르뷔지에의 위니테 다비타시옹은 형태의 색채 가운데 색 혼합에 의해 완전히 다른 이미지를 보여 주는 대표적 건축물이다. 도미노 시스템으로 구축된 복합 주거는 총 14개의 유닛으로 구성되어 있는데 정면에서 바라보면 콘크리트 요철에 의해 정면에서도 우측이나 좌측면의 변화가 보인다. 난간의 측면과 혹은 각 유닛의 정면 부분에는 중간 명도, 변화가 나타난다. 우리는 각각을 색상 대비, 명암(명도) 대비, 채도 대비 등으로 분류하지 않으며 모두 하나를 톤의 대비로 인식하여

대비(강조)와 착시를 지각하게 된다. 위니테 다비타시옹은 이렇게 색의 배열만으로 세련된 이미지를 연출한다. 이때 색의 간격을 통해 형태의 색채를 식별할 수 있다. 내부 복도에서 각각의 출입문 역시 다양한 색으로 도입되어 있으며 무채색과 대비되어 문, 창문 등 디자인 요소도 색채로 구획된다. 즉 형태와 함께 색에 의한 경계가 형성되었다.

84 Alvar Aalto, MIT Baker House Dormitory, Cambridge, USA, 1949

자유로운 곡면과 나무 소재를 주로 활용하는 알바르 알토는 베이커 하우스에서도 어김없이 유기적 형태를 연출하고 있다. 건축 외관 곡면에 디자인된 외장 벽돌에서는 색이 나타난다. 일반적으로 벽돌은 견고하고 물리적인 질료이다. 그러나 벽돌 사이 줄눈의 간격과 벽돌의 질감을 최대한 활용하였다. 특히 주변에 있는 찰스강의 굽이치는 형상을 건축물의 형태와 색채에 적용하였으며, 그 물살의 형상이 벽돌의 질감에도 반영되어 있다. 같은 벽돌의 색채는 질감에 따라 빛을 반사, 흡수하는 비율이

달라 여러 가지 색채로 보이며 원경에서는 이 색채들이 형태를 왜곡시키기도 한다.

85 Richard Meier, Getty Center, Los Angeles, USA, 1997

리처드 마이어가 단일색을 쓰는 이유는 흰색이 가진 명도의 차이를 극대화하려는 그의 건축적 의지가 담겨 있는 것으로 흰색의 강한 명도 대비와 그림자가 건물 안에 그대로 표현되면서 빛과 어두움이 주는 명료한 형태를 그대로 드러내기 위한 이유로 해석된다. 게티 센터는 부드럽고 따뜻한 트래버틴Travertine으로 시간의 흐름을 표현한다. 대부분 곡선으로 이루어진 디자인을 잘 살리기 위하여 탄화플루오린 채색 알루미늄 패널을 적극적으로 활용하였다. 그가 외부 색채에 이처럼 공을 들인 이유는 로스앤젤레스 산타모니카산의 정상에 게티 센터가 위치하기 때문이다. 태평양이 바로 보이는 전망대로 지역적 위치가 상징적이며,

강렬한 태양빛으로 건축물의 마감재는 될 수 있는 대로 덜 반사되는 질료를 염두에 두었다. 따라서 반사 유리를 제한적으로 설치하고, 흰색 패널은 빛에 덜 반사되는 쪽에 설치하여 주변 경관과 조화를 이룬다. 또한, 공간 내부의 조명 빛도 집중적으로 연구하였다. 그는 태양의 빛을 적극적으로 적용하였는데, 예술 작품에 해를 끼치지 않는 방법도 동시에 고안하였다. 각 층은 작품에 따라 천장의 조명 설계가 다르게 진행되었고, 2개의 레이어로 고안된 조명을 활용하였다. 예를 들어, 회화를 감상할 때에는 빛 반사에 따른 눈부심을 고려해 주광색 간접 조명을 활용하였으며, 전시장 안에서 하늘을 볼 수 있어야 작품에 대한 중성 컬러를 인지할 수 있다는 관점에서 중정을 두었다. 그는 실제

치수의 4분의 3크기로 실물 크기 모형을 제작하여 실제 조명을 체험하여 전시실과 공간의 관계를 분석하여, 최종적으로 2시간마다 자연광을 측정하여 그 양에 따라 자동 루버가 조정되는 방식을 도입하였다. 오전에는 서쪽 창으로 빛을 더 유입하고, 오후에는 동쪽 창으로 빛을 유입하였으며 천창 조명은 35퍼센트 투과율로 빛이 전시실 내부로 유입 가능한 유리를 사용하였다. 이렇듯 형태 색채는 색채의 자체뿐 아니라, 재료의 질감과 광택까지 고려해야 한다.

2 관계의 색채

건축의 색채는 생물과 같이 생성되고 성장하며 소멸한다

건축의 색채는 대상과 대상, 대상과 배경, 배경과 배경의
작용으로 지각된다. 지각은 비교에 의해 진행되기 때문에
상황에 따라 다르게 나타난다. 건축에서 나타나는 색채 역시
대상이나 배경의 변화하는 현상을 직접 나타내기도 하고
간접적인 영향을 받기도 한다. 즉 건축 외적인 요인에 의해
색채의 작용이 나타나며 이를 〈색채의 변화〉로 이해하면
된다. 형태의 색채가 빛과 그림자에 의해 대상 자체의 예측
가능한 색채의 변화를 의미한다면, 관계의 색채는 건축 외적인
작용에 따른 색채를 의미한다. 형태의 색채가 색채 혼합에
따른 다른 뉘앙스를 나타냈다면, 관계의 색채는 색채 자체의
작용으로 동시에 여러 개의 뉘앙스가 표현되는 것이다. 즉
건축 색채와 건축 외부의 색채들로 인하여 건축의 색채가
생성하고 성장하여 소멸하거나 혹은 재생산의 생물과 같은
현상을 나타낸다. 관계의 색채는 이와 같은 색채의 유기적
특징을 의미하는 것이다. 관계의 색채는 환경에 지배받기도
하지만, 때때로 환경을 변화시키기도 한다. 관계의 색채가

의미하는 것은 건축물 자체에도 영향을 끼치지만, 주변의 다른 건축물이나 혹은 주변의 환경과도 상호 작용하기 때문이다. 이처럼 끊임없이 건축 외적인 색채들 때문에 본연의 건축의 색채가 변화한다. 이렇듯 관계의 색채란 대상 색채와 배경 색채의 상호 작용에 의해 지속해서 변화하는 색채의 현상을 의미한다. 장 누벨은 1976년 새로운 건축 운동을 위한 〈마르스 Mars 1976〉을 주도하고, 1980년 파리 앤티크 비엔날레에서 예술 분야의 기획을 맡는 등 다양한 활동을 하였다. 그는 건축물이 안착하는 대지와 건축물이 섞이는 환경과의 관계를 중요하게 여긴다. 그리고 그의 공간에서 빛은 디자인의 주요 요소이다. 첨단 소재의 강철과 유리를 즐겨 사용하지만, 그의 공간에서 풍기는 독특한 시적 이미지는 바로 여기에 기인한다.

관계의 색채는 대상과 대상, 대상과 배경, 배경과 배경의 작용을 의미한다

관계의 색채는 대상의 색채와 배경의 색채가 서로 영향을 주고받는 색채 작용으로 배경의 색채는 대상 색채 외의 색에 영향을 주는 모든 것을 일컫는다. 건축물에는 대상 주변의 상황, 계절이나 기후, 그리고 밤과 낮의 색채 변화가 나타난다. 이러한 상호 작용은 관계 색채의 가장 중요한 속성인 색채의 변화를 일으킴으로써 건축가가 완벽하게 예측하지 못할 수도 있다. 콜린 로Colin Rowe는 『투명성: 실제와 현상Transparency: Literal and Phenomenal』에서 투명성의 개념을 물질 그 자체가 갖는 특성과 형태 구조의 고유성으로 구별하고, 이들을 실제적 투명성Literal Transparency과 현상적 투명성Phenomenal Transparency으로 명명한다.

전자는 물리적 조건과 상태에 의한 가시적 투명성을 가리키며, 후자는 물리적 성질과는 다른 지각적 투명성, 즉 형태 구조의 중층 작용에 따른 물체의 다중성을 의미한다. 현상적 투명성은 건축 색채가 실제 존재하는 대상의 색채에 대한 물리적 작용의 결과이다. 그러므로 건축의 색채에서 관계의 색채란 시공간Space-time, 동시성Simultaneity, 상호 침투Interpretation, 중합Superimposition, 양면 가치Ambivalence 등과 동의어로 사용된다.

관계의 색채는 대상과 대상, 대상과 배경, 배경과 배경의 상호 작용을 실제적 투명성과 현상적 투명성으로 보면 된다. 즉 대상 색채와 배경 색채는 일정 부분 이상의 투명성을 갖고 있으며, 투명성, 투영성, 반사성의 상호 작용으로 이루어진다. 다시 말하면, 관계의 색채는 현상적 투명성처럼 색채들의 중첩을 의미한다. 대상 색채와 대상 색채가 서로 겹쳐진 건축의 색채는 물리적 공간 차원에서 모순을 초래한다. 이러한 시각적 모순을 해결하기 위해 건축의 색채들은 상호 침투하는 투명성이나 투영성을 부여한다. 예를 들어 입체파 회화의 동시성이나 미래파의 운동성의 개념과 같다고 보면 된다. 화가이자 사진작가였던 라슬로 모호이너지Lszló Moholy-Nagy는 〈형태들의 중합은 공간과 시간의 고착을 극복한다. 또한 중합은 무의미한 단순성을 의미 있는 복합성으로 전치시키며, 중합의 투명한 성질은 오브제의 간과된 구조적 성질을 드러내는 맥락적 투명성을 암시한다〉라고 했다. 전통적 건축의 색채 해석과 그 의미를 넘어서는 관계 색채의 고찰은 기존 건축 색채의 문제점들을 명쾌하게 해결한다. 특히 대상 색채와 배경 색채의 중층적 관계에서 비롯되는 관계 색채의 속성으로 과거에 지나쳤던 다양한 건축 색채의 문제 제기에 필수 항목

이라고 생각한다. 최근에 한스 홀레인Hans Hollein이 선보이는
작품은 메타포Metaphor와 메타모르포제Metamorphose가 주를
이루지만, 그의 전반적인 창작의 기류는 건축을 예술과 기술,
그리고 인문의 종합으로 여기는 데 있다.

관계의 색채는 유동적이다

관계의 색채는 대상 색채와 배경 색채가 서로 영향을 주고받기
때문에 착시를 일으킨다. 건축에서는 대부분 메탈릭 컬러와
카멜레온 도료로 나타난다. 일반적으로 메탈릭 컬러를 말할 때
주로 실버, 골드 등을 떠올리는 경향이 있다. 그러나 최근에는
도료 산업의 발전으로 샴페인 골드나 은은한 메탈릭 컬러부터
피치 컬러나 레몬 컬러 같은 원색적인 메탈릭 컬러까지
개발되었다. 이러한 컬러는 운동감과 입체감뿐 아니라 차원의
착시 현상도 불러일으킨다. 반사도를 가진 건축 재료는 주변
환경의 반사로 유동적인 색채 현상을 나타나게 된다. 유동적인
관계 색채를 만드는 이유는 다양하다. 난반사와 광색, 광원색,
광택 등 다양한 빛과 재질의 속성으로 형성된다. 난반사Spread
Reflection는 반사 표면이 홈, 골, 광택의 재질감으로 인하여
표면의 반사가 사방으로 흩어지는 반사, 물체의 울퉁불퉁한
표면에 입사한 빛이 여러 방향으로 산란하고 반사해 흩어지는
현상이다. 아무리 매끄러운 평면이라도 완전한 평면이 아니며
다양한 방향으로 울퉁불퉁한 작은 면의 집합체로 볼 수 있다.
따라서 한 방향에서 입사한 빛이 작은 면들을 이차적 새로운
광원으로 삼아 다시 여러 방향으로 흩어지게 한다. 광색Light
Color은 광원의 색, 전구색, 온백색, 백색, 주백색 등의 색명으로

나타내거나 색온도로 표시한다. 광원색Light Source Color은 광원에서 나오는 빛의 색, 광원색은 보통 색 자극치(刺戟値)로 표시한다. 광택Luster은 금속처럼 매끈한 표면에서 느낄 수 있는 표면 반사각의 민감도, 입체각이 지닌 특성의 하나로 표면의 특성에 좌우된다. 광택도Glossiness는 물체 표면의 광택의 정도를 일정한 굴절률을 갖는 블랙 글라스의 광택 값을 기준으로 일차원적으로 나타내는 수치이다.

눈부심Glare은 과잉의 휘도 대비 때문에 불쾌감이 생기거나 또는 대상물을 지각하는 능력이 저하될 수 있는 시각의 상태, 혹은 부부 색채학자인 패리 H. 문Parry H. Moon과 D. E. 스펜서 문D. E. Spencer Moon의 색채 조화론에서 부조화의 범주에 속하는 배색을 말한다. 전투명은 물체 표면에 닿은 빛이 어떤 변화를 일으키지 않고 그대로 통과되어 반사하지 않는 현상으로, 대표적 재질로는 투명 유리와 투명 플라스틱 등 배경의 색이 그대로 노출된다. 홀로그램은 빛의 상호 간섭 현상을 이용한 입체 영상이다. 보는 각도에 따라 보이는 이미지를 다르게 하여 입체감을 나타낸 영상, 홀로그램을 위한 영상 촬영 시 이용되는 레이저 빔은 물체로 향하는 물체 광선Object Beam, 다른 부분에서 전송되는 반사 광선Reference Beam으로 구분된다. 반사광은 홀로그램 필름에 입사되고 물체광은 물체에 입사되어 반사 빛을 만든다. 여기에서 반사 빛과 반사광이 홀로그램 필름에 간섭무늬를 기록한다. 이 무늬의 회절 현상으로 입체적 영상이 표현된다. 홀로그램 제작에는 단일 파장을 장시간 보유할 수 있는 간섭성이 좋은 광원이 필요하므로 레이저 빔을 이용해 제작한다.

환경의 색채는 관계의 색채로 인식된다

관계의 색채는 대상과 배경의 상호 작용으로, 환경에서 다루는 경관 색채나 도시 색채는 모두 관계 색채의 관점을 지닌다. 일반적으로 근래의 도시 계획은 다양한 분야의 전문가들과 협업으로 체계적 색채 계획을 진행한다. 이때 경관 색채나 도시 색채는 광활한 공간 속에서 이루어지므로, 도시 전체를 바라보는 관점이 필요하다. 환경 색채는 건축물로 가득 차 있는 것처럼 느껴지지만, 적정한 녹지와 수목뿐 아니라 하늘과 같은 배경 색채에 대한 인식도 필요하다. 따라서 건축물을 설계할 때 주변의 배경 색채와 어울리는 중간 명도, 중간 채도, 낮은 채도의 색채 계획과 선택이 이루어져야 한다. 스웨덴의 경우 미리 선정된 120개의 환경 색채 팔레트로 도시의 색채를 제한하고 있다. 과거에는 특정 건축물을 한 장소에서 바라보는 근경색Street Color을 주로 논하였으며, 근경색은 대단히 평면적 관점이므로 이 건축의 색채는 대상 색채와 배경 색채의 관계가

86

86 Jean Nouvel, Fondation Cartier pour l'Art Contemporain, Paris, France, 1994

카르티에 현대 미술 재단의 전면과 후면에는 각각 유리면이 설치되어 있고, 건축물의 모서리 부분까지 모두 유리로 구성되면서 환경과 건축물은 분리되어 보이지 않는다. 특히 투명과 반사 성질을 지닌 유리면은 정원과 주변의 하늘, 그리고 건축물과 유리면 사이에 있는 나무(종류 찾기)가 투영되고 반사되어 빛과 그림자로 고정된 건축 색채를 관찰할 수 없다. 세 겹의 유리는 이렇게 환경인 배경 색채를 담고 있으며, 동시에 내부 공간의 배경 색채가 투영되어 나타나면서 주변 환경과 작용하는 것이다. 계절과 기후에 따라 변화하는 정원, 밤낮을 반영하는 하늘, 성장에 따른 나무의 다양한 배경색이 대상에 비쳐 생물처럼 변화한다. 유리라는 특수성은 자유롭게 빛을 투영, 반사하여 대상 색채가 새롭게 구현된다. 이러한 지속적인 변화는 대상 색채와 배경 색채에 의해 새로운 관계를 생성하는 생물처럼 사람들에게 유기적으로 작용한다.

이루어지지 않는 시인성만이 강조됐다. 그러나 배경 색채는 건축물처럼 고정적인 대상 색채 이외에도 버스, 택시, 자동차 등의 교통수단과 안내 표지판, 신호등, 가로등 등의 공공시설 등도 같이 언급되어야 한다. 이러한 대상 색채는 배경 색채와 조화롭게 이루어져 도시에 정체성을 부여한다. 도시를 직접 걸어 다니면서 마주하는 건축 색채는 질료와 텍스처가 함께 지각되는 근경색으로 형태 색채의 관점이 일부 포함된다. 즉 색채의 조화와 배색이 중요 포인트가 된다. 또한, 도시의 어떤 지점에서, 혹은 이동 수단으로 인해 속도와 거리를 지닌 채 관찰되는 질료와 텍스처가 지각되지 않는 중경색Townscape Color은 대상 색채와 배경 색채의 상호 작용으로 이루어진다. 그러므로 이때 건축 색채의 재질이나 텍스처보다는 전반적인 대상 색채와 대상 색채, 대상 색채와 배경 색채, 배경 색채와 배경 색채의 상호 작용 때문에 나타난다. 도시 전체를 먼 거리에서 바라볼 때, 예를 들면 낮은 고도로 비행하는 비행기에서 바라보거나 도시를 관통하는 강을 따라 배를 타고 이동하는 등 먼 거리에서 바라보는 원경색Landscape Color이 있다. 이때 건축의 색채는 실질적으로 건축이 가진 색채보다 채도와 명도가 다소 2~3도 정도 낮게 보이며 배경 색채의 영향을 많이 받게 된다.

2부 시간의 색

88

87 Ieoh Ming Pei, Bank of China Tower, Hong Kong, China, 1989

이오 밍 페이는 〈건축가들은 은퇴하지 않는다. 좋은 와인처럼 마지막 숨을 거둘 때까지 일한다〉라며 꾸준히 작품 활동을 하고 있다. 그는 프랭크 로이드 라이트, 발터 그로피우스Walter Gropius, 마르셀 브로이어Marcel Breuer의 영향을 받은 현존하는 마지막 모더니즘 작가이기도 하다. 20세기 최고의 길이라는 1988년 8월 8일 완공한 뱅크 오브 차이나 타워는 완공 당시 지하 2층과 지상 70층으로 당시 아시아 최고층 빌딩이었다. 구조적 표현주의Structural Expressionism가 도입된 건축 입면은 대나무가 자라는 형상에서 따왔으며, 이오 밍 페이가 즐겨 사용하는 기하학 중 삼각형을 응용하였다. 유리와 알루미늄으로

이루어진 4개의 매스는 마치 수정체를 깎아내듯 가새 구조Braced Frames를 활용하여 고층부로 올라갈수록 날렵한 기운이 든다. 사진에서 보듯이 건물의 건축 색채는 크게 흡수색(유리)과 반사색(알루미늄)으로 분류된다. 이때 건축의 색채는 빛과 그림자의 영향도 받지만, 주변 건축의 색채와도 크게 교류한다. 바로 옆에 있는 HSBC의 대상 색채를 고스란히 담거나, 구름과 대기의 배경 색채를 반영한다. 이처럼 이 건물은 매 순간 변화한다.

88 Hans Hollein, Haas Haus, Wien, Austria, 1990

포스트모더니즘 양식인 하스 하우스는 다양한 형태와 재료로 지어진 쇼핑몰이다. 건물의 질료는 대리석과 반사 유리가 주를 이룬다. 대상 색채인 중간 채도와 낮은 명도의 대리석은 주변 환경에 영향을 덜 받는 빛과 그림자의 작용으로 빛을 발한다. 반면 반사 유리는 고정적 대상 색채가 존재하지 않으므로 배경 색채와 관계를 가진다. 특히 건너편의 후기 로마네스크 양식인 장크트 슈테판 대성당Sankt Stephan Cathedral이 건물에 비쳐 관계 색채의 의미가 더욱 분명해진다. 하스 하우스의 대상 색채에 장크트 슈테판 대성당의 대상 색채와 주변의 자연환경인 구름, 하늘 등이 비치면서 대상 색채와 관계 색채의 동시적 현상이 보인다.

89

89 Oscar Niemeyer, Palácio da
Alvorada, Brasília, Brazil, 1958
브라질의 건축가 오스카르
니에메예르는 늘 〈인간이
창조한 딱딱하고 융통성 없는
직각과 직선은 나를 매료시키지
못한다. 내게 매력적인 것은
자유롭고 감각적인 곡선이다.
내 조국의 산과 굽이치는 강,
사랑스러운 여인의 육체에서
나는 그것을 찾는다〉라고
말했다. 그에게 곡선은
삶과 인생으로 여길 만큼
우아한 대상이며, 곡선으로
아름다운 건축을 만들어 냈다.
그가 설계한 대통령 관저는
단단한 콘크리트의 물성에서
부드러운 곡선을 차용하였다.
전체적으로 차분한 무채색을
선택하였으나 대상 색채

자체는 대단히 화려하다. 그
이유는 주변의 기운을 온전히
담았기 때문이다. 물과 하늘의
변화무쌍한 색채를 유리에
반사해 밤과 낮의 변화를
표현하였다. 낮에는 주변의
경관 색채에 묻혀 하늘과 물의
빛처럼 단색을 활용하였고,
밤에는 건축물에서 나오는
인공조명을 활용한 다양한
색조를 나타낸다.

90 Christian de Portzamparc,
Hotel Renaissance Wagram,
Paris, France, 2003

크리스티앙 드 포르장 파르크가 설계한 이 호텔은 평면의 정렬이 서로 다르지만 부드러운 외관의 곡선은 디자인 요소이자 동시에 객실 이용자들에게 시각적 편안함도 선사한다. 외부에 광택도가 서로 다른 두께의 곡면 유리를 활용하여 관계 색채를 표현한다. 샌드블러스트Sandblast의 곡면 유리 파사드는 물결무늬로 요철의 곡선으로 형성되어 외부에서는 내부의 공간이 보이지 않고, 외부에서는 내부의 경관이 보인다. 사실 이러한 형태는 샹젤리제 거리 근처의 테른 광장과 개선문 쪽으로 객실을 향하게 하려는 생각에서 나온 것이다. 유리 반사 표면의 골은 다양한 광택감의 재질로 표면의 난반사가 일어나 유리 자체의 대상 색채와 건축 색채가 아닌 주변의 비대상 색채인 환경으로 서로 관계해 기후와 온도, 풍향과 습도에 따라 완전히 다른 색채를 나타낸다.

90

91 Kumiko Inui, Christian Dior Building, Ginza, Japan, 2004

크리스티앙 디오르의 탄생 100주년에 맞춰 오픈한 이 건축물은 관계 색채를 잘 설명하고 있다. 건축 외부의 색채는 총 세 겹으로 구성되었다. 가까이에서 제일 먼저 지각하는 흰색 펀칭 메탈Punching Metal은 투영색으로 나타난다. 이 펀칭 메탈은 디오르의 상징이며 무슈 디오르 때부터 사용하던 카나주Cannage 스티치처럼 건축 외관을 패턴화했다. 이 펀칭 메탈 앞에는 알루미늄 패널을 붙여 카나주 패턴을 입체적으로 볼 수 있게 설치하였고, 그 안에는 실크 스크린의 도트 프린트를, 펀칭 메탈과 알루미늄 패널 사이에는 광섬유의 조명을 활용한 색채 뉘앙스가 나타난다. 근경색은 바라보는 각도와 위치에 따라 완전히 다른 특징을 보여 준다. 낮에는 흰색 펀칭 메탈과 카나주 스티치 패턴이 여러 겹의 착시 현상으로 보이지만, 밤에는 내부에서 투영되는 조명 때문에 흰색 펀칭은 납작한 이차원으로 지각된다. 또한, 그 사이의 도트 프린트와 흰색 펀칭 메탈은 서로 난반사되어 무중력으로 표출된다.

91

3   도구의 색채

건축의 색채는 통계와 같은 데이터로 사용된다

건축가들은 공간 이미지를 작가의 아이디어로 구현하기
위하여 건축의 색채를 활용한다. 즉 색채의 조형성Color Plasticism
으로 볼 수 있는데, 이는 〈색채로 공간의 형태를 만든다〉
는 뜻이다. 형태에 색을 입혀서 그 공간의 뉘앙스를 만드는
것이다. 도구의 색채는 물리적 숫자에 의해 구현되는 건축의
색채이므로 지각적 관점이나 빛의 물리적 이해와는 다르게
접근되는 〈데이터로 사용되는 색채〉를 의미한다. 도구의
색채는 색을 도구로 사용하는 것으로 대부분 수학적 통계를
보여 주는 히스토그램Histogram, 바 그램Bar Diagram, 파레토
다이어그램Pareto Diagram 등 도표에 이입되는 색채를 의미한다. 즉
〈도구의 색채는 공간을 표현하기 위한 다이어그램〉이 된다.
도구의 색채는 건축 공간을 구현하는 데 있어서 각종 데이터의
입력, 입력 도구, 입력 후의 작업으로 근래에 들어 〈뉴미디어
색채〉나 〈컴퓨터 색채〉, 혹은 〈디지털 색채〉라고 일컬어진다.

도구의 색채는 건축 프로그램을 표현한다

도구의 색채는 축적된 데이터에 기초해 공간 프로그램을
명확하게 건축에 나타낸다. 가장 일반적이고 전통적인
방법으로는 디자이너가 구현하는 각각의 공간 기능을
일반인에게 전달하는 방식이다. 예를 들어 새로운 공간에
진입하였을 때 우리는 키 맵Key Map을 찾아 각자 원하는
공간의 위치를 찾는다. 대개 도구의 색채 형식은 그 층의
평면도이거나 엑소노메트릭Axonometric으로, 전 층 특히 공공
공간을 동시에 살펴볼 수 있는 다이어그램이나 그래픽으로
구현된다. 각 도면에서 건축의 색채는 기능별, 위치별, 층별
등의 색상으로 분리되면서 공간 프로그램으로 사용된다.

　도구의 색채는 수치로 표현되는 건축의 색채이므로 빅
데이터Big Data와 관련이 깊다. 빅 데이터란 디지털 환경에서
생성되는 데이터로 그 규모가 방대하고, 생성 주기도 짧고,
형태도 수치 데이터뿐 아니라 문자와 영상 데이터를 포함하는
대규모 데이터를 일컫는다. 또한 빅 데이터의 특징은 3V
로 요약한다. 즉 데이터의 양Volume, 데이터 생성 속도Velocity,
형태의 다양성Variety을 의미한다.* 이처럼 다양하고 방대한
규모의 데이터는 미래 경쟁력의 우위를 좌우하는 중요한
자원으로 활용될 수 있다는 점에서 주목받는다. 이러한
관점을 건축에서는 도구의 색채로 연결하여 다양한 시도를
가상 공간과 실재 공간에서 실현하고 있다. 한 예로 CCM
은 컴퓨터로 만들어야 하는 색을 측정하고 색채의 배합을
예측하여 조색한다. 특히 소프트웨어와 분광 광도계의
발달로 색 측정 및 분석이 과학적으로 가능하게 됨에 따라

92　King Roselli Architetti,
Radisson Blu es. Hotel, Roma,
Italia, 1999
라디손 블루 호텔은 킹
로셀리 건축 사무소의
작품으로 건축물의 전면
디자인은 같은 크기와 형태의
유리 모듈로 구현되어 있다.
각각의 객실은 〈투숙객의
성향〉에 따라 다양한 색채와
형태의 조명으로 호텔의
정체성을 구현한다. 낮에는
별다른 특징이 없는 사각
모듈의 유리 벽체이지만
밤에는 매번 다른 건축의
색채를 나타낸다. 특히
이러한 수치적 개념에 의한
색채는 건축가가 예측할 수
없는 다양한 경우의 색채로
드러난다.

•
Big Data Now, Current
Perspectives, O'Reilly
Media, 2012.

92

인간의 경험과 감각에 의존하여 배색하지 않고 분광 광도계와 컴퓨터를 이용하여 색채를 분석하고 색채의 배합을 예측한다. 또한, 색채의 처방을 산출하고 보다 경제적 처방을 신속하게 구하기 위한 과정도 실행한다. CCM의 소프트웨어는 품질 관리의 공식화 부분으로 구성되어 있으며, 품질 관리는 색을 측색하거나 색소Colorant를 입력하고 색을 교정한다. 공식화는 측색된 색을 만들기 위해 이미 입력된 원색의 색소를 구성해 양을 계산하고 성분을 결정하는 베이스에 정량을 투입하도록 각각의 원색 양을 정하게 된다.

93

93 Renzo Piano & Richard Rogers, Centre Pompidou, Paris, France, 1977

1960년대 후반 조르주 퐁피두 대통령이 파리를 최고의 예술 도시로 부상하려는 일환으로 계획된 이 건축물은 현재 2만 5천여 명의 관람객이 찾는 공간이 되었다. 완공된 지 40년이 지났으나 여전히 건축가들에게 풍부한 발상과 아이디어를 제공하며, 현대 건축물의 상징적 존재로 부족함이 없다. 퐁피두 센터는 공공 정보 도서관,

국립 근대 미술관, 음향 음악 연구소, 영화관, 극장, 강의실, 서점, 레스토랑, 카페 등으로 구획되어 있다. 이러한 공간의 수직적 매스가 색채로 구분된다. 건축물 후면(동쪽)에 위치한 구조물(흰색), 냉난방(청색과 흰색), 배관(청색), 배선(노란색), 수도관(녹색) 등과 건축물 전면(서쪽)에 사선으로 시공된 계단과 에스컬레이터(붉은색) 때문에 내부의 공간은 유연하고 자유롭게 변경할 수 있다. 이러한 구조는 그 당시 대단히

획기적인 디자인이었다. 건축물은 크게 유리와 철골, 그리고 원색의 구조물로 색채는 이 공간에서 부수적 요소가 아닌 건축물의 정체성을 온전하게 드러내는 가장 중요한 디자인 요소로 사용되었다.

94 Sauerbruch Hutton,
Photonics Center, Boston, USA,
1998

조명 전문 연구소인 포토닉스
센터는 부드러운 곡선의
볼륨으로 구성되어 있으며,
모두 유리 벽체로 이루어져
있다. 투명하고 불규칙한 유리
벽체는 가림막인 루버 색상에
의해 거대한 입면 매스를
지루하지 않게 디자인하였다.
이 루버 색은 건축가가
건축물의 외관 디자인을 위한
색채 그룹화 작업을 기초로
진행되었다. 그룹화 작업은
반복적인 테스트를 거쳐
가장 효율적인 감성의 최적화
상태로 구현된다.

94

95 UNStudio, La Defense Offices, Almere, Netherlands, 2004
입사각에 따라 색상과 명도, 채도의 변화가 나타난다. 라 데펜서 오피스의 외관에 사용된 알루미늄 도금과 유리는 그 자체로 한눈에 색채가 읽히지 않으며 시시때때로 변화하는 색채만을 인식한다. 이 색채는 입사각에 따라 빨강에서 주황으로 다시 노랑과 초록에서 파랑이나 보라 등으로 지속적으로 변화한다. 다색의 얇은 알루미늄은 투명 유리나 금속과 차별된다. 라 데펜세의 외부는 투영이나 빛 반사로 건축의 색채가 변하는 게 아닌, 컴퓨터로 조작되는 특수 LED 조명과 유리 디스크로 조절되기 때문이다. 특히 시퀀스에서는 시감도와 관련된 색채 현상이 나타난다. 이렇게 색과 색 경계에서 나타나는 하만 그리드 효과Haman Grid Effect를 매 순간 인식할 수 있다.

95

96

96 Ito Toyo, Tower of Winds,
Kanagawa, Japan, 1986
이토 도요가 설계한 바람의
탑은 건물 외관에 설치된 총
12개의 쿨 화이트 네온등과
1,280개의 소형 전구로
만들어졌다. 이 조명 빛은
건축물의 물성을 완전히
해체하고 있다. 네온등은
건축물의 아래에서부터
상층부까지 띠로 분리된 듯
구현되며 타원형의 조명
고리는 시각적 연속성과
동시에 건축물의 비물질성을
효과적으로 나타낸다. 건축물
외관에 설치된 투명한 패널
내부에는 거울과 알루미늄 등의
질료로 빛의 분산 및 산란을
강화해, 내부의 빛을 건물
밖으로 반사하는 효과가 짙다.
이러한 조명 빛은 컴퓨터에
입력된 프로그램을 통하여
다양한 패턴과 조명으로 외관의
뉘앙스가 변화함으로써 어떠한
외장이 진짜 건물의 외장인지
혼돈을 준다.

4   전환의 색채

전환의 색채는 콘텐츠의 건축 색채이다

콘텐츠는 부호, 문자, 도형, 색채, 음성, 음향, 이미지, 영상 등의 자료 또는 정보를 말한다. 콘텐츠는 엄밀히 말하자면, 색채와 무관한 것으로서 볼 수 있지만, 건축에 나타나는 전환의 색채는 〈콘텐츠의 색채〉를 의미한다. 콘텐츠로서의 색채, 즉 전환의 색채는 새로운 개념으로 건축 색채의 미래 지형도라고 생각하면 된다. 지금 많은 건축에서 전환의 색채를 지향하고 있으며, 전환 색채는 건축의 콘텐츠로서 접목되어 색채의 확장을 가져오고 있다. 전환 색채의 확장은 유동적인 조형성과 함께 움직임이 수반된다. 부호, 문자, 도형, 색채, 음성, 음향, 이미지, 영상 등의 콘텐츠 요소와 접목된 전환 색채는 감각의 확장 때문에 인식된다. 예컨대 크고 낮은 음향의 진동에서 언캐니Uncanny한 색채를 느끼고, 실제 만질 수 없는 미디어 아트에서 다양한 재질감을 느끼는 것이다. 이는 단순히 색채의 조합과 색채의 병렬, 혹은 대상 색채와 비대상 색채에서 조율하던 건축의 색채와는 완전히 다른 관점을 가지고 있다. 미국 출신으로 로스앤젤레스에서 작업하고 있는

영상 미디어 설치 작가인 제니퍼 스타인캠프Jennifer Steinkamp
는 디지털 미디어를 이용해 작업을 해왔으며, 3D 애니메이션
분야의 개척자로 평가받는다. 자연 현상과 움직임을 디지털
렌더링Rendering으로 구현해 이를 건축 공간에 적용하는 작가는
빛이 공간과 그 규모를 어떻게 창조하고 공간에 대한 인식을
바꾸어 놓는가에 대해 탐구한다. 전환의 색채는 콘텐츠에 따라
이전 환경과 다른 색채를 보여 준다. 특히 다양한 신소재의
등장으로 색채 질료는 기존의 색채 정보를 변이하거나
시점을 왜곡하거나 색채의 오버래핑으로 조형성을 붕괴한다.
일반적으로 색채에서 조형성은 배색 기법에 따른 색채 조화나
색 체계에 따른 건축 색채들의 상대적 위치와 상호 관계를
일컫는다. 그런데 전환 색채에서는 이러한 〈조형성을 완전히
벗어나 새로운 관점〉을 의미하며, 조형과 일치되지 않는
색채로서 기존 건축 색채의 개념을 벗어난다. 즉 전환 색채는
형태 색채의 빛이나 관계 색채의 상호 작용, 그리고 도구
색채의 데이터와는 완전히 다른 콘텐츠로 생성되면서 기존의
조형성을 와해시킨다. 조형성의 붕괴는 조형성이 완전히
존재하지 않거나 조형성의 중요성이 사라진다는 게 아니다.
즉 기존 건축의 색채가 빛으로 구현되거나 대상과 비대상의
관계로 선택되거나 다양한 데이터에 의한 프로그램 등 색채와
연관되던 부분에서 벗어나는 것이다.

전환의 색채는 과정성 안에서 나타난다

일반적으로 공간 디자이너의 색채 사고는 디자인 콘셉트에서
시작한다. 이후 어떠한 방법과 표현 및 기술로 재현할 것인가를
여러 번의 스케치와 다양한 도구로 고민한 후, 최종적으로

색채를 구축하는 순차적 과정을 거친다. 그러나 전환의
색채에서 재현은 이러한 프로세스뿐 아니라 다양한 시지각적
작용과 시뮬레이션을 거친 프로그램으로 확장되곤 한다.
이를 바로 과정성이라 부르는데, 디자이너의 최종 아이디어와
교집합이 되지 않을 경우에도 전환의 색채는 연출되기도 한다.
때때로 작가의 색채 사유와 완전히 다른 결과물이 나오거나 그
과정에서 정반대의 뉘앙스가 표출되어도 이는 전환 색채로서의
가치를 갖는다.

전환의 색채는 대체로 작가가 계획한 것이 아닌 공간에
펼쳐진 색채를 수용자가 능동적으로 체험하고 수용함으로써
이루어진다. 이러한 선택은 대부분 불연속적 시공간에서의
자유로운 흐름으로, 다른 장르와의 관계를 유연하게 한다. 즉
디자이너 고유의 것이 아니라 색채를 받아들이는 수용자와 그
색채를 다양하게 연출하는 생산자와의 혼성을 통해 소통이
가능한 색채로 확장된다. 무작위적으로 선택된 수용자를
통해 그 체험은 한순간도 같을 수 없다. 따라서 전환의 색채는
비록 시각적으로는 같은 색채이더라도 그 색채를 선택한
수용자와 그 시공간에서의 체험이 매번 다르므로 같은 색채로
인식할 수는 없다. 또한, 수용자의 관점이 생산자의 관점보다
중요하며 작가는 단지 기술적 효과나 아이디어만 제공하는
소극적 역할로서 존재한다. 디지털 아키텍트라고도 명명되는
네덜란드 건축가 집단인 녹스NOX는 라르스 스파위브루크Lars
Spuybroek가 이끄는 건축사 사무소로 1990년대 초부터 건축과
미디어 아트, 특히 건축과 컴퓨터 사이의 디지털 건축에 선두
주자로 활약하고 있다. 그들의 디자인은 모두 컴퓨터에서
시작하여 공간, 비디오, 미술, 조사, 잡지, 글쓰기 등의 작업을

동시에 진행하는 디자인 그룹으로 다양한 분야와 긴밀한
협업을 중요하게 여긴다. 그들의 건축은 자유로운 형태를
취하고 있으며 때로 어떠한 기능을 수반하기보다는 그 자체의
조형물로 존재한다. 그러므로 녹스는 건축을 단순히 사람들이
이용하는 공간보다는 다양한 과학 기술을 접목해 사람들의
움직임과 행태 등을 예측하여 다른 프로그램을 제작하기도
하고 공간 이용자들과의 유기적 관계에 초점을 맞추기도 한다.

97 Carnovsky, RGB Exhibition,
Johanssen Gallery, Berlin,
Germany, 2011
빛의 3요소인 RGB의 무작위적
오버래핑으로 바닥을 제외한
내부 공간에 전환 색채가
구현된다. 즉 빛으로 공간을
조형화하는 것이다. 마치
물의 흐름처럼 펼쳐진 RGB의
오버래핑 이미지는 각기 다른
빛의 필터에 의해 새로운
전환 색채를 구현한다. 각기
다르게 겹쳐서 프린트된
벽체의 이미지는 빨강, 초록,

파랑의 빛이 비칠 때마다 다른
이미지를 보여 준다. 좌측의
이미지는 어떠한 필터도
적용하지 않아서 중첩된 3개의
패턴을 보여 준다. 그러나
빨강 필터를 통해서는 빨강에
적용되는 전환 색채 이미지만
보이고, 초록 필터가 비치면
초록에 적용되는 전환 색채
이미지만 지각된다.

97

98

건축의 공간, 동작, 빛과
인식에 대한 아이디어를 마치
외과 의사 같은 정밀함과
엔지니어들의 분석적 관점으로
만들고, 나무, 꽃, 물 등에 여러
가지 유기적인 추상 색채를
조합했다. 제임스 터렐James
Turrell과 빌 비올라Bill Viola의
작품에서 영감을 얻은 그녀는
고품질의 다중 프로젝터와

컴퓨터를 사용하고 있다.
그녀의 작품 「마담 퀴리」는
마치 잭슨 폴록Jackson Pollock의
액션 페인팅을 디지털로
변환시킨 듯 보인다. 전환의
색채는 단순히 색채 조합이나
색채 병렬로 읽히지 않으며,
콘텐츠라는 이름 아래에서
이해해야 한다. 이 색채는
음향과 이미지, 그리고
동영상이 동시에 연출되는 전환
색채이다.

99 Usman Haque, Primal
Source, Santa Monica, USA, 2008
인간의 움직임과 주변의 소리에
반응하여 워터 스크린의 빔
프로젝트에 RGB로 영상화한다.
워터 스크린에 숨겨진 마스크에
관람자들의 음성과 주변의
소리가 반응하여 다양한
색채로 표출된다. 이 색채는
지속해서 변화하며 재현하는데,
중복되지 않은 시뮬레이션을
통하여 전환 색채는 과정성을
표현한다. 따라서 작가의
색채 의도와는 다른 방향으로
흘러가게 되며, 공간에 있는
사람들의 밀도와 행위에
따라 지속해서 변화한다.
이는 시각의 공감각화로
주변의 음향과 반응에 따라
새로운 색채를 조율한다. 즉
전환의 색채에서 나타나는
과정성은 시뮬레이션에서
미리 선보이기도 하지만, 때로
현장의 다양한 반응 때문에
변모Metamorphosis하는 극적인
효과를 연출하여 시각 외의
감각인 촉각, 청각, 미각, 후각
등을 직접 경험할 수 있는
계기를 마련한다.

100

100 Usman Haque, Burble
London, Holland Park, London,
UK, 2007
2007년 런던 패션 위크에서는
상호 작용 건축 시스템Interactive
Architecture System을 연구하는
우스만 헤이크가 제작한
커다란 천 개의 헬륨 풍선으로
개최를 시작했다. 이 거대한
헬륨 풍선은 서서히 하늘로
올라가면서 공기에 있는

전자파를 감지한다. 천 개의
헬륨 풍선의 거품은 다양한
주파수의 전자파를 탐지하는
센서를 내장했다. 따라서
전자파가 감지되면 그 전자파의
파장에 따라 빨강, 파랑,
노랑, 주황 등의 LED 빛을
발산한다. 또한, 감지의 정도에
따라 음향의 세기와 크기도
달라진다. 이 거품 밑에서
사람들이 직접 걸고 받는

통화에서 생성되는 전자파는
거품의 모양과 소리에 직접적인
영향을 미치게 된다. 이러한
전자파의 진동은 시각화된
색채로 나타나게 된다.

101 NOX, D-Tower, Doetinchem,
Netherlands, 2004
디타워는 지역민들에게 설문
조사를 한 후, 응답자들을
중심으로 4개의 색상으로
시각화하여 분류한다.
빨강(사랑), 노랑(두려움),
파랑(행복), 초록(증오) 등으로
지역 주민들의 감정 상태뿐
아니라, 새로운 개념의
커뮤니케이션 풍경을 표현한다.
이 랜드마크는 지속해서 색이
변화하는 데 흥미가 있다.

101

102

102 Jaume Plensa, Crown Fountain, Chicago, USA, 2007
스페인 바르셀로나 출신인 예술가 하우메 플렌사는 소통과 유머를 동시에 지닌 작가이다. 그는 그 지역의 이미지와 관심사를 공공 공간에 연출한다. 크라운 분수는 새로운 천 년을 기념하기 위해 조성된 미국 일리노이주 시카고의 밀레니엄 공원 내에 있는 영상 분수이다. 검은 화강암으로 된 광장 양쪽에 유리블록으로 만든 15.2미터

높이의 기둥 2개는 서로 마주 보는 면에 LED 스크린이 설치되어 있다. 스크린에는 다양한 나이와 인종, 문화가 공존하는 1,000여 명의 시카고 시민의 표정과 밀레니엄 공원 주변에는 미시간 호수와 시카고 빌딩들의 근사한 자연 경관이 13분마다 번갈아 나온다. 화면 속 인물의 입에서는 물줄기가 나오는데 이는 쌍방향 의사소통을 직간접으로 모두 나타낸다. 발목까지 찰랑거리는 물은 즐거움뿐 아니라 주변을

고스란히 담아내는 거울로도 작용한다. 이러한 전환의 색채는 LED 스크린에 전시되며 13분마다 주변 사람들의 소리와 첨벙거리는 물소리, 그리고 분수와 물에 반사되어 빛과 함께 전환 색채를 보여 준다. 또한, 이렇게 나타나는 색채는 시민들의 체험과 선택으로 다양하게 연출되고 소통되며, 음향과 이미지로 퍼진다.

1 뉴턴 이전

기원전부터 빛과 색에 대한 관심이 존재하다

고대 그리스의 철학자 플라톤은 소크라테스의 제자이자
아리스토텔레스의 스승이며, 현재 대학의 초기 형태인
아카데메이아를 아테네에 설립하였다. 그는 아카데메이아에서
다양한 주제를 강의하였는데 정치학, 윤리학, 형이상학,
인식론 등 철학적 논점을 주로 피력하였다. 영국의 철학자
앨프리드 노스 화이트헤드Alfred North Whitehead는 〈전통적인 유럽
철학의 가장 일반적인 정의는 플라톤에 대한 일련의 각주로
구성된 것이다〉*라고 할 만큼 플라톤은 서구의 철학에 지대한
영향을 끼쳤다. 그는 색채에도 관심을 가졌는데, 인간은 눈에
광채가 부딪쳐 색을 지각한다고 했다. 그는 눈을 통해 빛의
자극을 받아들이는 감각 작용을 이해했다고 본다. 또한, 빛의
밝기와 명암을 인지하는 간상체Rod와 색을 인식하는 추상체
Cone인 시각 세포의 존재를 알았다. 플라톤은 흰색을 보면 눈이
확장되고 검은색을 보면 눈이 수축한다고도 했다. 이는 암순응
Dark Adaptation과 명순응Light Adaptation에 대한 관점으로 볼 수 있다.

Alfred North Whitehead,
*Process and Reality: An Essay
in Cosmology*(NewYork: Free
Press, 1978), p. 43. 〈The safest
general characterization of the
European philosophical tradition
is that it consists of a series of
footnotes to Plato.〉

진실의 색과 겉보기 색

아리스토텔레스는 1998년 저명한 현대 철학자들이 〈서구
철학계에서 가장 큰 영향을 끼친 철학자〉를 뽑는 투표에서
당당히 1위를 차지하였다. 플라톤, 칸트, 니체, 그리고
비트겐슈타인 등이 그 뒤를 이었다. 그는 아폴론 리케이오스를
기려 아테네의 작은 숲속에 리케이온Lykeion을 설립하였고,
숲속을 거닐면서 강의했던 습관으로 테오프라스토스 이후
이 학원에 소속된 학생들은 소요학파(逍遙學派)라고 불렸다.
물리학, 형이상학, 시, 생물학, 동물학, 논리학, 수사학, 정치,
윤리학 등 다양한 주제로 책을 저술하여 도덕과 미학, 논리와
과학, 정치와 형이상학을 포함하는 서양 철학의 포괄적인
체계를 처음으로 창조하였다. 특히 자연 과학에 대한 그의
견해는 중세 학문에 깊은 영향을 주었고, 이는 뉴턴의
물리학으로 패러다임이 전환하는 르네상스 시대에까지
영향을 끼쳤다. 아리스토텔레스는 색이 빛을 이루는 원자와
인간의 감각 기관과 상호 작용한 결과이므로, 빛이 없어지면
색도 존재하지 않는다고 하였다. 그는 각기 다른 강도의
태양광과 불빛, 공기와 물의 혼합이 대부분 모든 색의
근원이라고 하였다. 또한, 그는 진실의 색Emphatic Color과 겉보기
색Apparent Color을 구분하여 겉보기 색은 어둠 속에서는 존재하지
않는다고 하였다. 아리스토텔레스는 무지개의 색이 빛(흰색)
과 물방울 그림자(검은색)의 혼합비 차이로 발생한다고
주장하면서 빛의 원색을 흑과 백으로 생각했던 것 같다. 특히
당시 학자들은 열과 냉각 관계로 색채를 지각한다는 이론을
내세워, 당시 유행하던 연금술에 근거하는 계기가 되었다.

그는 겉보기 색은 빛의 원색인 흑과 백에 의해 발생하고
사라지는 색이므로, 물체의 본성을 지닌 진실의 색처럼 어둠
속에서는 지각할 수 없다고 추론한 것 같다. 그는 색의 질서를
최초로 시도하여 흰색Bianco, 노란색Giallo, 빨간색Rosso, 보라색
Violetto, 초록색Verde, 파란색Blu, 검은색Nero 등 일곱 가지 색으로
구분하였다. 아리스토텔레스는 모든 색은 백색광(자연광)
이 변조되어 나타나는 것이라고 하였다. 그는 빛에 의한 색이
모든 물체의 공간을 채우는 존재로 보았다. 이후 17세기까지
이러한 아리스토텔레스의 사고는 유효하였으며, 색채를 수로
표현하는 색 조화의 일반적 개념은 아리스토텔레스까지 거슬러
올라가지만, 아리스토텔레스는 색을 색조의 종류라기보다
하나의 색상에서 밝고 어두운 요소로 제한하였다.

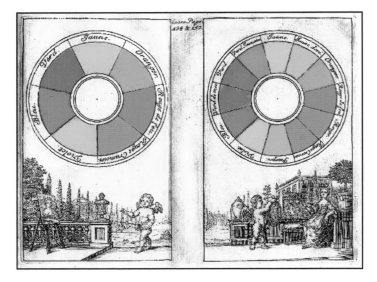

2 뉴턴의 색채

색채를 과학적 연구 대상으로 인식하다

아이작 뉴턴Isaac Newton은 인류 역사상 가장 대중적이며 영향력
있는 물리학자이며, 수학자이자 천문학자, 광학자, 자연
철학자, 연금술사, 신학자이다. 1687년 발간된『자연 철학의
수학적 원리Philosophiae Naturalis Principia Mathematica』는 〈고전 역학
Classical Mechanics〉과 〈만유인력Universal Gravitation〉의 기본 개념을
제시하여, 과학사에서 가장 영향력 있는 저서 중 하나로
꼽힌다. 이 책에서 그는 과학적 관점에서 관성의 법칙, 운동의
법칙, 작용과 반작용의 법칙 등 세 가지 운동 법칙을 확립했다.
그리고 그는 요하네스 케플러Johannes Kepler의 행성 운동 규칙과
그의 중력 이론 사이의 지속성을 증명하는 방법으로 지구와
천체 위 물체들의 운동을 증명하여, 지동설Heliocentrism의
의문점들을 제거하였다. 또한 미적분의 기초를 확립하고,
빛(백색광)은 굴절률이 다른 여러 색상의 성분으로 이뤄져
있다는 사실을 밝혀낸다. 뉴턴은 케임브리지 대학교 재학
시절 〈빛은 직진한다〉는 이론에서 빛은 입자의 흐름이며, 그
입자가 눈에 색 감각을 발생시킨다는 데카르트의 입자설을

이어받았다. 그는 제일 처음 빛이 입자Particle인지 에테르Ether에
의한 파동인지 의문을 가지게 되면서 프리즘 실험을 시작하게
되었고, 실험 결과로 기존의 〈빛의 변조 이론〉이 잘못되었다는
사실을 인지하였다. 모든 단색광은 균질하고 근원적이며,
푸른빛이 붉은빛보다 더 많이 굴절되듯이 순수한 빛은 색상에
따라 굴절의 정도가 다르고, 백색광은 다른 균질한 단색광들의
혼합이라는 이론을 제시하게 되었다. 또한, 그는 각각의 독립적
미립자는 에테르를 자신의 고유 주파수로 진동시킨다고
결론지었다.

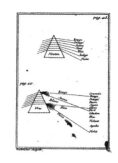

104 Newton's Color Circle

　　뉴턴의 프리즘 실험을 통해 빛이 발견되면서, 색의 본질은
사물이 지닌 대상색이 아닌, 빛의 특성으로 이해하기 시작했다.
그는 1666년에 프리즘을 통과한 빛이 파장에 따라 굴절의
각도가 다른 성질을 활용한 순수 가시색을 얻어 냈으며, 이를
스펙트럼Spectrum이라고 하였다. 이때 가시색은 대략 380~780
나노미터에서 지각되는 가시광선을 의미한다. 그는 이 실험을
통해 흰색이 단일한 색이 아니라 여러 가지 혼합된 색이라는
것을 발견하였고, 이를 분광Spectrum이라고 하였다. 분광은 빛
파장의 차이에 따라 여러 가지 색의 띠로 나뉘어 나타나는
현상을 의미한다. 뉴턴의 색채 이론은 1670년 『왕립 학회Royal
Society』 회보에 발표되었는데, 당시 로마와 파리의 화가들은
미술 연구에 공고한 이론적 토대를 찾고 있을 때라 더욱
두각을 드러냈다. 뉴턴은 1672년 빛과 색깔에 관한 첫 번째
논문에서 단순한 색(기본적, 기초적, 섞이지 않은 독창적 혹은
균일한)들은 빛이 굴절되는 광선만큼 종류가 많으며, 같은
색들은 단순한 형태와 복잡한 형태 모두에서 발생하므로
정돈되어 있던 기존의 색상 도식을 뒤죽박죽으로 만들었다.

그러나 네덜란드의 물리학자인 호이겐스Christiaan Huygens는
뉴턴의 문제의식을 이해하지 못한 채, 뉴턴이 빛의 입자론만
주장한다고 여기고 이를 신랄하게 비판하였다. 이후 1675년
뉴턴은 두 번째 논문을 왕립 학회에 보냈다. 이 논문에서 프리즘
실험과 함께 얇은 운모Mica 조각이나 비누 거품처럼 얇은
막에서 나타나는 색깔의 개념을 제시하였다.

1704년 발행된 뉴턴의 『광학Opticks』은 이미 시인들에게
널리 알려져 있었으며, 영국 화가 조슈아 레이놀즈Joshua Reynolds
와 색을 적극적으로 다룬 베네치아 화가들도 깊이 심취해
있었다. 뉴턴이 광학에서 이룬 성과는 백색광의 요소들을
수량화한 것이며, 그의 혼합 도해도 이러한 수량화에 기초하고
있다. 도해 역시 백색광의 스펙트럼에서 색의 비율에 따라서
정리했으며, 뉴턴에게는 마치 음악적 비율과도 같았다. 아직
완벽한 과학적 접근은 아니었다. 즉, 보는 미학을 듣는 미학과
동화하려는 고대의 시도에 새로운 자극을 준 것에 이러한
유사점이 있었다. 뉴턴의 광입자설 이외에 호이겐스의 파동설,
맥스웰James Clerk Maxwell의 전자파설, 아인슈타인Albert Einstein
의 광량자설 등 뉴턴의 가시광선 발견 이후 빛의 성질이나
특성으로 색을 분석하고 설명하는 연구가 진행되었다.
객관적으로 실험을 만들고자 하는 뉴턴의 노력에도 불구하고
7개의 분광된 색으로의 분리는 그 자체가 수년 동안 관심의
대상이었던 음악에 대한 유추의 결과이다.

또한, 혼합의 도해에서 기본색 중에서 흰색이 서로 반대
방향에 있는 두세 가지의 색채 혼합이라는 것도 확인했다.
이는 1715년 뉴턴이 네덜란드에서 있었던 시기와 밀접하게
연관된다. 그가 영국에서 큰 규모의 〈판화술 사업The Picture

Office〉에 실패한 후, 1725년 런던에서 발표한 논문『색: 또는
그림에서의 색 조화Coloritto, or, The Harmony of Colouring in Painting』
에서 다시 강조된다. 이러한 혼합의 도해는 18세기와 19세기
색채 체계의 모델이 되었다. 뉴턴의 광학 이론을 계속 전개한
자는 토마스 영Thomas Young이다. 더는 줄일 수 없는 기본색의
수가 정립되었고, 사용 가능한 염색체로 그 색을 구체화한
점은 1715년 독일 미술가 J. C. 르 블론J. C. Le Blon이 소개한
채색 판화의 새로운 개발에 중요하게 작용하였다. 르 블론이
메조틴트Mezzotin 기법을 사용한 최초의 문헌에서는 색채 조화를
위해 뉴턴의 원칙에 따라 색상과 명도를 조작하였다고 한다.
〈수년 동안 암실에서 프리즘으로 분광한 색은 프리즘으로부터
2~20피트 거리까지 수직적으로 종이에 빛을 발했기 때문에,
나는 동료에게 연필로 이미지나 기본색들을 그리도록 하였다.
여기서 이미 명명된 일곱 가지 색 각각은 가장 풍부하고
깔끔했을 뿐 아니라, 동료는 색들의 진정한 한계를 판단할 수
있었다〉고 뉴턴은 밝혔다. 광학은 파동설에 미련을 남기면서도
입자설의 태도를 보임으로써 17세기와 18세기는 전적으로
입자설의 시대였다.

색채란 관찰자와는 아무런 관계가 없는 객관적 실체이다

뉴턴은 색이 물체가 아니라 실체라는 사실을 주지하면서,
이 결과 색은 공간 속에 부유하는 현상이라고 정리한다.
오래도록 지속한 색채의 조화 이론은 보색에 기초하며 이는
뉴턴부터 시작되었다. 얇은 판을 이용한 실험에서 어떤
색들은 서로 반대이거나 대비된다는 것을 인식한다. 18

세기를 시작으로 색채는 상징적 대상에서 과학적 대상으로 그 영역이 확장되었다. 색채를 연구 대상으로 하는 색채학이 빛과 물체, 색과 눈, 색채와 생리–심리적 현상, 색채의 미적 효과들을 중심으로 그 원인과 과정 결과, 영역 활동, 수용 가치들을 규명하는 학문 분야로 정착하여, 이러한 색채학의 연구와 이론의 발전은 예술 분야에서 새로운 인식 변화의 기반으로 본다. 또한, 색채의 현상적 특성에 대한 이해를 색채 과학 발전의 도움으로 그 폭을 넓힘과 동시에 색채 과학의 새로운 지식은·예술 창작의 모티브로 제공되었다. 이러한 인식의 변화를 수반한 요인으로는 색채의 공간적 효과와 색채의 구조적 특성을 들 수 있다. 토마스 영은 뉴턴의 이론을 정리하여 사람의 눈에는 가지각색 색신경이 있지 않다고 보았다. 색광의 스펙트럼을 통해 볼 때, 적색에서 오렌지까지 적색, 황색에서 초록까지를 초록, 청색에서 자주색까지의 부분을 청색으로 분류하여 우리의 눈에는 적색과 초록과 청색의 세 가지 시신경이 존재하지 않을까 하는 가설을 세웠다.

　이처럼 서양에서는 아리스토텔레스 이래 빛과 어둠이 만나 각기 다른 색상들이 생겨난다는 이론이 통용되었다. 그러나 뉴턴은 『광학』에서 백색광이 여러 가지 색상이 모인 빛살Ray 의 혼합이며, 이 빛살들은 다시 합쳐져 백색광이 되는 것을 프리즘 실험을 통해 선보였다. 그는 자신의 〈결정적 실험 Experimentum Crucis〉을 통해 빛의 본질에 관한 논쟁을 종결했다고 주장하였으나, 색의 본질에 관한 논쟁은 끝내 마무리 짓지 못했다. 예술가들은 그 당시 과학자들이 색을 분석의 대상으로서만 보았던 것과 달리 색을 감성과 연결된 것으로 인식하여, 뉴턴의 이론이 색의 본질에 다다르지 못했다고

일축했다. 뉴턴의 결정적 실험도 예술가들에게는 과학이
이성의 힘을 앞세워 자연을 독단적으로 재단하거나 예술의
영역을 침범하는 권위적 양상 등으로 치부하였다. 이 부분은
현재의 색채에 대한 연구 과정과 비슷하다. 뉴턴은 빛의 색채와
안료의 색채를 명확히 구분하는 이론을 확립하지 못했다.
또, 당시 화가들이 색채를 직접 사용하면서 겪게 되는 다양한
빛과 색채의 경험을 현실적으로 설명하지 못했던 것도 뉴턴의
이론을 전적으로 동의하는 데 문제를 일으켰다.

3 괴테의 색채론

통섭에 능한 괴테는 진정한 르네상스인

괴테Johann Wolfgang von Goethe는 독일의 철학자, 자연 과학자, 정치가,
작가, 화가였다. 그는 당대부터 베스트셀러였던 『젊은 베르테르의
슬픔Die Leiden des jungen Werthers』과 60여 년에 걸쳐 집필한 희극
『파우스트Faust』 등을 발표했고, 프로이센 왕국의 철학자 칸트
Immanuel Kant의 『순수 이성 비판Kritik der reinen Vernunft』과 『판단력
비판Kritik der Urteilskraft』에도 심취해 있었다. 그러나 그는 뉴턴의
치열한 비판자였기에 뉴턴이 옹호하던 칸트의 철학을
온전히 받아들일 수 없었다. 대신 그는 칸트의 직관적 지성을
〈직관적 판단력〉이라고 응용하며 칸트 철학을 수용하는
동시에, 칸트가 회피한 〈이성의 대담한 모험〉에도 과감히
도전하였다. 괴테는 1790년부터 시작한 『색채론Zur Farbenlehre』
을 1810년에 이르러서야 완성하였다. 당시에는 주목받지
못하였으나, 일부 물리학자들이 20세기 과학 기술의 발달과
도구적 사유 방식으로 새롭게 조명하기 시작하였다. 그가
색채 현상을 체계적으로 연구하겠다고 결심했던 계기는

1788~1789년 동안 첫 번째 이탈리아 여행을 다녀온 직후였다. 그는 화가가 작품에서 실제 사용하는 채색 규칙과 법칙의 필요성을 절감하게 되며 저술을 다짐하게 된다. 18세기 말은 뉴턴의 광학이 지배적이었으나 뉴턴에게 색채의 생성은 단색 광선들의 결합과 그 정도에 따라 결정되는 구조였다. 즉 뉴턴의 관점에서 보면 색채란 빛과 대상만 존재할 뿐, 관찰자는 무시된 이론이었다. 괴테는 이러한 뉴턴의 이론에 반발할 수 있는 결정적 근거를 알고 있었다. 그러나 당시 뉴턴이 실험에 사용했던 정밀한 프리즘을 구하는 것은 쉬운 일이 아니었다. 그래서 1790년경 궁정 고문관인 베르너 뷔트너Werner Büttner에게 프리즘을 빌려 실험을 시작하였고, 그 결과 색채의 생성 원리에 더욱 확신하는 계기가 되었다. 그는 여러 색깔의 빛살들이 존재하고 이 빛살들의 굴절률이 서로 다르므로 프리즘을 통해 분리된다는 뉴턴의 주장을 받아들이지 않고, 〈색채는 밝음과 어둠이 만나는 경계선Grenze에서 일어난다. 밝음과 어두움이 반투명한 매질을 통해 대조되어 색채가 비롯된다〉라고 주장하였다. 그는 프리즘을 통해 검은색과 흰색이 만나는 경계에서 한색Cool Color과 난색Warm Color이 대립적으로 생기는 것을 보았다. 즉, 밝은 면이 어두운 면 쪽으로 다가가면 청색 띠Saum와 청자색의 테두리Rand가 생겨난다. 반대로 어두운 면이 밝은 면 쪽으로 다가가면 주홍색 테두리와 황색의 띠가 생겨난다. 예컨대 프리즘으로 흰색의 넓은 이차원 면을 관찰할 때, 평면의 모든 지점에 색채 스펙트럼이 나타난다. 이때 각각의 색채 스펙트럼은 면 가운데 부분에서 서로 교차하여 겹치기 때문에 빛이 섞여 흰색이 된다. 이는 빛의 에너지가 집중되어 밝아진 것인데, 괴테는 이를 두고 경계가 없는

곳에서는 색채가 생겨나지 않는다고 이야기했다. 다만 겹침이
불완전한 가장자리의 한쪽 면에서는 청색과 청자색이, 그리고
그 반대쪽 면에서는 황색과 주홍색이 나타났다. 그가 색채의
원 현상이라고 믿었던 것은 오늘날 과학으로는 색 수차Chromatic
Aberration라는 현상으로 설명된다.

원 현상은 자연 철학의 출발점이 되다

원 현상은 괴테의 자연 철학의 출발점이 되었으며, 색채의
생성과 변화를 설명할 수 있는 계기가 되었다. 이를 위해 괴테는
양극성Polarität, 상승Steigerung, 총체성Totalität 등과 같은 개념을
끌어들였다. 양극성은 가장 쉽게 관찰 가능한 자연의 원리로서
색채가 생겨나는 원 현상을 빛과 어둠의 이항 대립으로 논한다.
즉 빛과 암흑이 함께 작용하면 어느 쪽의 활동이 우세한가에
따라 색채는 두 가지의 방향으로 나타난다. 그 대립은 플러스와
마이너스라는 기호로 간단하게 표기할 수 있다. 플러스에
속하는 것은 황색, 빛, 밝음, 강함, 따뜻함, 가까움, 밀침, 산
같은 것이며, 마이너스는 청색, 암흑, 어두움, 약함, 차가움, 멂,
끌어당김 등으로 말할 수 있다. 그는 빛과 어둠뿐 아니라, 다른
색채를 만들어 내는 기본색이라고 여긴 노란색과 파란색에도
양극성의 원리를 적용하였다.

상승은 프리즘으로 관찰할 때 노란색과 파란색으로부터
다른 색들이 생겨나는 과정이라고 하였다. 그는 프리즘을
천천히 움직이면서 빛과 어둠의 경계를 관찰할 때, 노란색은
상승하면 주황색을 거쳐 빨간색으로, 파란색은 상승하면
청자색으로 변한다고 하였다. 또한, 빨간색과 청자색이

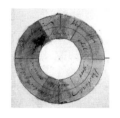

106 Goethe's Symmetric
Colour Wheel with Associated
Symbolic Qualities, 1809

결합하여 보라색으로, 노란색과 파란색은 결합하여 초록색이
생겨난다. 이러한 상승 현상은 한 가지 방법으로만 고정되어
나타나지는 않는다. 총체성은 노란색, 파란색, 빨간색, 청자색,
보라색, 초록색 등의 6개의 색으로 색상환을 완성할 때 대립과
조화를 통해 색의 총체가 이루어진다. 앞의 두 원리에 의해
생겨난 색들이 그 대립과 조화된 모습을 색채환의 원주에서
일목요연하게 나타나는 것이다. 이처럼 괴테는 색상환^{Farbenkreis}

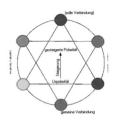

107 양극성 상승 총체성

을 통해 보색과 같은 실제 현상을 설명하고, 나아가 색채의
대립과 조화를 증명하고자 했다. 이렇게 결합한 구성 요소들이
총체성 속에서 조화로운 모습을 드러낸다. 괴테가 생각하는
자연 현상은 뉴턴과 데카르트처럼 인간과 구분되어 대상으로서
존재하는 것이 아니라, 인간의 인식도 중요한 자연 현상 중
하나의 부분이라는 점이었다. 따라서 괴테의 자연 탐구의
목표도 단순한 사실 파악이 아니라, 대립과 조화를 바탕으로
자연의 총체성을 인식하고 그것을 통해 자유로 나아가는
것이었다.

괴테의 『색채론』은 데카르트와 갈릴레이, 그리고 뉴턴에서
출발한 자연 과학의 기계론적이며 환원주의적 사고방식의
위험성을 예고하고 있었다. 자신의 색채 이론이 당대에
인정받지 못했던 것을 원통해했으나, 바로 이러한 이유로
현대에서는 물리학자들을 비롯한 색채 연구자들에 의해
새롭게 재조명되었다. 그러나 과학계와는 달리 미술계에서는
괴테의 이론이 꾸준히 영향을 미쳤다. 이는 뉴턴의 광학이
당대 화가들에게 충분한 답을 주지 못했기 때문이다. 북독일
낭만파의 대표적 화가인 필리프 오토 룽게^{Philipp Otto Runge}는
괴테와 여러 차례 서신을 교환하며 그의 색채 이론을 정립해

나갔으며, 후대 화가들의 색채 사용에도 큰 영향을 미쳤다.

또한 영국의 최대 풍경화가인 윌리엄 터너Joseph Mallord William Turner
는 〈대홍수〉와 관련된 연작을 비롯하여 여러 작품에서 빛과
어둠으로 색채를 표현해 괴테의 이론을 그림으로 구현하였다는
평가를 받기도 하였다. 실제로 그의 작품 가운데 「괴테의 이론
Goethe's Theory」은 제목에서부터 괴테의 영향을 고스란히 드러내고
있다.

이 밖에도 라파엘 전파Pre-Raphaelites와 러시아 출신의 추상
회화의 선구자인 칸딘스키Wassily Kandinsky 등이 괴테의 영향을
받았다. 또한 오스트리아의 신비주의 사상가 슈타이너Rudolf
Steiner는 괴테의 철학에 바탕을 둔 자연 철학의 체계를 확장해,
그만의 철학 세계를 구축하여 발도르프Waldorf 교육 등을 펼쳤다.
이 교육 프로그램은 현재 60개국 1,000여 개의 학교에서 큰
성과를 거두고 있는데, 예술과 과학의 통합을 중시하며 괴테의
색채론에 바탕을 둔 색채 수업을 진행하고 있다. 특히 1969
년에 『부분과 전체Der Teil und das Ganze』를 집필하고, 불확정성의
원리Uncertainty Principle로 유명한 하이젠베르크Werner Karl Heisenberg가
괴테의 『색채론』을 재조명한 논문 「현대 물리학의 관점에서 본
괴테와 뉴턴의 색채론Die Goethesche und die Newtonsche Farbenlehre im Lichte
der modernen Physik」을 발표한 것은 제2차 세계 대전이 한창 진행
중이던 1941년이었다.

생리색, 물리색, 화학색으로 분류하다

괴테는 뉴턴이 빛을 대하는 접근에 오류가 있으며, 이는
스스로가 만든 이론을 관철하기 위하여 복잡한 자연 현상과

관찰자를 무시한 것이라고 비판하였다. 괴테는 자연 탐구의
본질은 추상적인 이론으로 자연환경을 재단하는 것이 아니라,
현상 안에 직접 들어가 깊이 경험하는 것으로 생각하였다.
이렇게 직접적인 관찰과 경험에 바탕을 둠으로써, 그가 색채
현상의 연구에서 빛과 눈 사이의 연관을 우선시하는 것은 당연한
일이었다. 같은 맥락에서 과학자의 임무도 〈결정적 실험〉으로
이론을 확증하는 것이 아니라, 실험을 다양하게 진행하고 더 많은
경험을 통해 자연 현상의 전모를 밝히는 것이라고 했다.

　생리색이란 눈의 작용과 반작용으로 생기는 눈의 망막 작용에
따라 인지되는 색이다. 선명한 유색의 종이를 적당한 밝기의 흰색
판 앞으로 갖다 댄 후 조그마한 유색의 표면을 어느 정도 응시한
후, 눈은 움직이지 않은 채 그 조각만 치우면 바로 그 자리에
다양한 색의 스펙트럼이 생겨난다. 그때 황색이었다면 청자색이
나타나고 주황색이었다면 청색, 자색이었다면 녹색이 나타난다.
이때 앞의 색들을 유도색, 뒤의 색들을 피유도색이라고 한다.
괴테는 하르츠 산지를 여행하다가, 저녁 무렵에 브로켄산에서
보았던 장면을 묘사하였다. 낮에는 눈(雪)이 황색을 띠고 있으나
그림자 부분은 희미한 청자색이었다. 그러다 일몰이 다가오자
눈은 자색으로 보이고 그림자는 녹색으로 바뀌었다. 이러한
현상은 유색 음영Farbiger Schatten으로써 〈색채란 눈과 빛 사이의
상호 작용으로 생겨난다〉는 괴테의 색채 이론을 뒷받침하는
대표적 사례이자 가장 독창적인 부분이다.

4 다채 장식론

건축을 더욱 강조하는 다채 장식과 대표 건축가들

다채 장식Polychromy은 건축이나 조각에서 장식을 위해 다양한 색채를 부여하는 것을 의미한다. 건축에서는 조각과 회화를 통하여 벽면을 장식하는 것이 발전되면서 자연스럽게 형성되어 왔다. 다채 장식의 기법은 색이 다른 다양한 재료로 다채색 표면을 만드는 구조적인 다채 장식과 납화·프레스코화, 유화 등과 같이 벽면에 안료를 입혀서 표면을 만드는 색칠 다채 장식이 있다. 다채 장식은 건축의 형태를 강조할 뿐만 아니라 건물의 성격을 명확하게 표현하기 때문에 그리스인들은 다채 장식을 신전의 장엄함과 우아함을 표현하는 수단으로 사용하였다. 다채 장식의 분절 효과는 무미건조한 신고전주의 건축의 형태에 변화를 주기 위한 것으로, 색이 그 목적을 달성할 수 있다고 생각하고 건물 전체와 부분에서 모두 표현했다.

독일 출생의 프랑스 건축가였던 히토르프Jacques Ignace Hittorff 는 다채 장식에 따른 분절과 형태의 절충을 통하여 건물의 특징을 나타냈고 건물의 성격 표현을 위한 중요한 방식으로 사용하였다. 그는 그리스의 다채 장식 기법을 연구한 결과 색

면의 분할과 위치 그리고 색의 종류가 확고한 체계로 결정된
것을 발견한다. 다채 장식은 건축 형태의 부가적 수단이
아니라 〈형태를 강화하고 조절하는 확고하고 엄격한 시스템〉
이라는 건축 색채의 관점을 수립한다. 히토르프의 다채 장식
기법은 〈분절〉과 〈절충〉의 개념으로* 설명되지만, 색의 본질을
대상색의 범위에 두었기 때문에 색의 공간적 가치에 대한
인식은 드러나지 않는다.** 그는 건물의 내외부를 불문하고
장식적 효과를 높이기 위해 같은 평면에 다양한 색을 입혔다.
다색의 표면은 재료를 보호하기 위한 것도 있지만 상징성
Monumentality을 강조하기 위한 것으로 건물의 내용과 형태로부터
색채의 장식을 분리하여 생각하는 계기를 만들게 된다. 따라서
건축에서 형태와 구조 안에 종속됐던 색채가 체계화된 질서와
같이 형태 구성 요소의 일부라는 관점의 변화를 가져온다.
〈색채를 건축의 형태로부터 독립된 영역으로 인정하고,
엄격하고 체계화된 《시스템》으로 인정〉하는 것이다.

　　예술 역사학자 잔텐은 다채 장식의 효과가 부가적 증식과
분절화, 그리고 비물질화의 개념이라고 설명한다. 부가 증식은
융합, 합체, 유착의 방식에 의한 색채를 의미하며, 분절은
접합과 연결, 교합의 방식을 의미한다. 비물질화의 개념으로
설명되는 색채는 형태에 생명을 주는 중심적 요소로 색채를
간주한다. 잔텐의 다채 장식은 건축 색채를 장식적 〈표현〉의
강력한 매개체로 인식하였고 조형의 절충 요소로서 장식적
수단으로 간주한다. 1923년 다채색은 3개의 카테고리로
분류된다. 〈장식적 관점에서의 색채〉는 건축과 유기적인
일체성을 형성하지 못하고 건축을 위장하거나 극단적인 경우
건축을 파괴시키는 요소로서 다룬다. 〈건축을 강조하는

*
노스웨스턴 대학에서 건축과
도시학을 가르치는 잔텐David
van Zanten은 다채 장식 효과를
부가Accretion, 분절Articulation,
비물질화Dematerialization의
세 가지 개념으로 설명하였다.
(Zanten, "Architectural
Polychromy–Life in the
Architecture", R. Middleton, *The
Beaux-Arts*(Cambridge: The MIT
Press, 1982), 주서령, 김광현의
논문 「근대 색채 조형성의 정립에
관한 이론적 배경」에서 재인용.

**
주서령, 김광현, 「근대 색채
조형성의 정립에 관한 이론적
배경」, 『대한건축학회 논문집』,
1995, 46면.

색채〉는 구조적이며 기능적인 색채로서 건축을 연결하고 일체화시키기 위한 색채의 사용으로 건축을 강조하고, 습기로부터 철과 나무 등을 보호하는 역할을 수행하는 도구로 색채를 사용하는 것이다. 〈표현 재료로서의 색채〉는 공간과 물체의 상호 관계를 나타내며, 색채가 석제, 철, 유리 등과 같이 다른 재료와 동일한 표현 재료로 다루어지는 것을 의미한다.

독일의 건축가 젬퍼Gottfired Semper는 색채를 신체에 대한 의복과 같은 기능을 유추했고, 러스킨John Ruskin은 유기체에 대한 피부로 다채색의 의미를 부여하였다. 러스킨은 물질의 형태와 다채 장식과 관련해 표층의 피복−피막에 관한 견해를 발전시키며, 구조의 본체는 열등한 것이고 비교적 충실하지 않은 재료인 까닭에 구조의 세련성을 표현하는 것은 불합리하다고 논한다. 따라서 그는 색채의 장식에 있어서 피복파The School of Encrusted Architecture가 완전하고 영구적 채색 장식이 가능한 유일한 유파라고 주장하였다. 피복파는 구조의 법칙과 적합성이 건조물의 본체와 유효한 강도를 지닌 벽돌로 얻어진다고 보았다. 건축의 인상에 대한 서술을 빛이나 색채 등 시각 형태Visual Form의 분석에 집중하고 있으며, 다채색과 구조적 다채 장식의 가치를 유기체 유추나 연상 심리학적 방법으로 설명한다. 또한, 〈유기적 형태주의〉는 색채 없는 건축을 만들어 낼 수 없다며 색채의 중요성을 강조하고 예술에 있어서 색채의 중요성을 확신한다. 형태의 변화를 무엇보다 강조하였고, 유기체의 형태학적 관점에 기초해 신이 주신 것 중에서 색채가 가장 신성하다고 주장하였다. 색채가 건축의 장식과 결합되는 경우, 그 색채의 사용법은 유기체의 유추로 행해진다. 〈건축의 색은 자연의 색과 같아야 하며 자연을 규범으로 하지 않는 형태, 장식, 색채는 모두 추한 것〉으로 이는 자연주의에 기초하는 그의 건축관과도 일치한다. 유기적 색채에 관심을 두고 색채는 우연으로 변하기 쉬운 것으로 색채 구성에서 색의 대비를 강조하고 빛과 그림자에 의한 다양한 변화를 선호하였다. 또한, 자연의 색채 관찰로부터 시작하였으며, 자연의 색채는 결코 형태를 따르는 법이 없는 별개의 시스템으로 인식하였다.

109 1888년 고전주의 그리스 건축의 다채 장식.

　　구조적 다채 장식 건축가로서 스트리트George Edmund Street는 색을 구조와 일체화된 색채로 인식하였다. 다채 장식의 미학적 근거는 영속성 외에도 물질 표현과 구조적 통합 개념에 있는 것으로 물질의 표현은 소재가 갖는 물적 성질이 사실적으로 표현되어야 하고 구조적 통합Structural Integrity은 장식과 구조를 일치하여 표현하는 것에서 시작한다. 모든 장식은 건물의 기본 구조가 보이도록 건물의 구조를 장식해야 한다는 건축적 사고이다. 그리고 구조와 장식이 통합되어 합리적인 구조 시스템을 갖추어야 한다고 말함으로써 구조와 일치되는 색의 가치를 재조명하게 되는 계기를 가져왔다. 스트리트는 수평선을 중요한 요소로 보고 영국 풍경에서는 고딕 형태보다 이탈리아 건축처럼 수평적 형태가 더 어울리는 것으로 수평 줄무늬를 장식하며 건축의 형태 요소 중에는 수직성 이외에도 수평성도 중요하다고 여긴다. 색채는 구조에 색과 장식을 입히는 것으로 그는 건축 발전의 중요 요소인 수평성과 수직성의 조화, 구조적 통합, 색의 복권 등 구조적 다채 장식을 강조한다. 따라서 전통적 수법인 색채와 수평 줄무늬에 의해 벽체의 중량감을 소멸시켜 수평적 형태를 강조한 중세 건축물은 구조적 다채 장식의 대표 선례가 된다. 스트리트의

형태 구성 요소의 구분에 따르면 수직적 표현 요소는 첨탑,
버팀벽, 아치 등이며 길게 뻗은 지붕선, 난간, 연속적인 줄무늬,
주초 등은 수평적인 요소로서 조적(組積)과 같은 구조체를
수평 부재로 쌓아 수평 줄무늬를 통한 구조적 다채 장식을
구현하였다.

110 빅토리아 시대
건축의 다채 장식, 미국
인디애나주의 켄덜빌.

110

111 Leon Battista Alberti, Santa Maria Novella, Firenze, Italia, 1456~1470

알베르티가 설계한 산타 마리아 교회는 수평적인 줄무늬를 구현한 다채 장식 기법을 볼 수 있다. 상부 박공을 지지하는 소용돌이 형태의 문양이 조적을 통해 나타남으로써 구조와 색채의 일체적인 기법으로 볼 수 있다.

111

5 구성주의

기하학 형태의 합리적 구성에 의한 새로운 형식

절대주의 건축에서는 모든 건축의 색채가 사라지면서 색의
본질이자 빛의 색을 의미하는 백색의 사각 형태만이 남게 된다.
여기에 〈빛을 색채로 인식하는 러시아 구성주의Constructivism〉를
통해 색채를 공간 구축을 위한 중요한 수단으로 간주하였다.
구성주의 건축을 대표하는 관점을 제시하는 〈데 스테일〉은
몬드리안Mondriaan과 테오 반 두스뷔르흐Theo van Doesburg, 헤릿
리트벌트Gerrit Rietveld 등이 모여서 만든 잡지명으로 네덜란드에서
생겨난 신조형주의 운동이다. 그들은 추상 미술의 한 유파로서
〈색의 본질은 빛〉이라는 관점으로 〈색의 공간적인 가능성〉을
제시한다. 기하학적으로 분해된 색 면들의 관계로 구축되는
각각의 색채는 색의 강도 변화로서 화면에 긴장감과 역동적인
에너지로 작용하게 되고 색채 표면의 개별적 특성을 나타내며
삼차원의 공간을 만든다. 구성주의의 색에 대한 새로운 관점은
특정한 색채가 형태가 아닌 대비로 〈순수한 감각〉의 세계로
규정됨을 의미한다. 기하학적 조형 요소들은 교차, 반복을
통하여 공간적 잠재력과 기하학적 추상화, 즉 다각적 투시에

의한 공간화는 색채를 건축의 구축 개념으로 전환하는 계기가 된다. 구축적인 관계성을 기반으로 하는 조형적 색채는 부가 장식이 아닌 필수적인 건축 조형 요소로서 색을 인식하는 관점을 알리는 것이다. 색채의 내재적인 공간 가치를 근거로 하는 구축성은 심리적 연상 때문에 시각 운동이 발생하게 되는데, 이는 색과 색 간의 관계성을 근간으로 공간에서 색채의 상대성과 운동성, 구축성에 대한 새로운 관점의 제시를 의미한다.

이아코프 체르니호프Iakov Chernikhov는 1933년 발표한 『건축적 환상: 101개의 색채 구성들Architectural Fantasies: 101 Compositions in Color』에서 모더니즘 시대의 충분한 발전을 보여 준 건축물들을 원색에 가까운 강렬한 색채로 공업 건축에 대한 건축적 환상을 극도로 표현하였다. 색채는 공간과 형태를 포함한 회화와 관련된 기술 과정이 포함된 것으로 운동 느낌의 의식은 무의식을 깨워 상관적 시간을 인식하는 것이다.

112 El Lissitzky, Proun A Constructivist Work, 1922
엘 리시츠키는 공간의 요소를 형, 색, 재료로 구분하고 색을 공간 구성 요소에서 가장 순수한 물질의 상태이자 순수한 형태라고 정의했다. 강도가 다른 형태 요소들이 기하학적 좌표에 근거하여 에너지를 백색 화면 공간에 투사함으로써 새로운 공간을 구축하고, 구현된 형태는 하나의 수직축이 아닌 여러 각도로 투사하면서 화면의 역동성을 만들어 낸다. 또한, 공간의 시각적 운동만이 아니라 관객의 참여 운동을 유발하며, 이러한 공간을 〈상상적 공간〉이라고 정의한다. 화면의 형태 요소들을 시각적인 총체로서 인식하고 색채의 안쪽적 성향과 함께 재질적인 힘, 형태와의 대비 관계로 생긴 형태와 색채 간의 합목적 구조는 완전한 형태를 구축하는 요소가 된다.

112

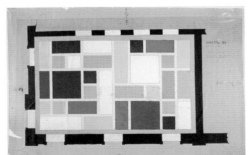

113

네덜란드의 신지학자였던 M. H. J. 손에마에커르스M. H. J. Schonemaekers는 『새로운 세계의 이미지Het Nieuwe Wereldbeled』에서 형태와 색상의 본질적 요소로 단순화되는 순수한 추상성과 보편성을 지지한다. 〈세 가지 기본적 색채는 본질적으로 노랑, 파랑, 빨강이다. 그것들은 실재하는 유일한 색들이다. 노랑은 수직적 광선의 운동이다, 파랑은 노랑과 대조를 이루는 수평적 창공을 이루는 색이다. 빨강은 노랑과 파랑을 결합하는 것이다. 광선의 수직적 흐름은 본래 공간적 운동이다〉라고 하면서 색채의 구축 관계에 대한 관점을 피력하였다. 구성주의는 공간, 볼륨, 색, 선, 면, 재료 등을 정확한 논리로 조직화하여 전체를 구성한다. 여기에 중력에 의존하지 않는 구조와 공간에서 원색은 작가들의 사고에 따른 논리가 된다. 구성주의는 구축적이고 조직적인 색의 선택과 색의 위치, 절대색이라는 몇 가지의 선택된 색을 통하여 전개한다. 화가들은 회화의 구성 요소를 선, 색채, 표면, 재질 등으로 분리하여 형태와 리듬, 재질 등을 통한 공간, 에너지, 운동감을 이차원의 화면에 구성한다. 이차원 화면에서 삼차원의 잠재적 구축을 실현하기 위해 사용되는 색채는 구축을 위한 조직화를 시도함으로써 착시적 공간을 만들고 이를 실재의 공간으로 변환시킨다. 따라서 색채의 조형적 가치 추구와 구축 강화라는 색채의 새로운 관점을 제시한다.

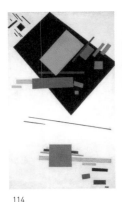

114

115

114 Kazimir Malevich,
Suprematist Painting(with Black
Trapezium and Red Square),
1915
말레비치의 그림에서 색은
단일한 것처럼 보이지만
앞뒤와 양감을 표현한 것이다.
각각의 색은 주변의 상태와
관계에 의하여 시각적 양감과
운동감을 지니며, 색은 위치의
위계를 나타냄으로써 상대적인
운동감을 유발한다. 또한,
빛의 체계로서 색채의 사용과
고명도의 색을 활용한 이차원
면의 삼차원적 표현은 색을
통한 절대적 공간 표현을
추구한 것이며, 채된 흰색은
단순한 바탕이 아닌 절대적
공간의 구성 요소로서 바탕으로
나타나는 투명성은 광범위한
공간적 질서를 의미한다.

115 Gerrit Rietveld, Schröder
House, Utrecht, Netherlands,
1924
리트벌트의 슈뢰더 하우스는
건축 형태와 공간, 가구 등에
색채 적용을 통해 유기적인
통합을 도모하게 된다.
장식적이지 않은 형태와
자유로운 평면과 입면, 그리고
가구에 이르기까지 건축과
함께 일체적으로 표현되고
있다. 슈뢰더 하우스가 현대
건축 색채에 가장 크게 미치는
영향은 색을 통한 건축의
유기적 결합이라는 시도에
있으며, 색채가 구축 관계를
강화하는 데 활용되고 있다는
점이다. 밝은 색채로 된
요소들은 자유와 선택이라는
의미로 재현되었으며, 색채를
통한 구축성의 실천은 공간의

개방과 중력에 의한 형태의
완전한 제거와 함께 어느
방향에서나 색채를 통하여
시각적 균형과 평형을
유지한다. 색채와 형태로
강력한 전통성이나 사회적
그리고 건축적인 방식 모두를
탈피하는 시초이자 현대적
환경을 창조하게 된 배경이
되었다.

6 순수주의

모더니즘 건축의 강력한 색채 사용의 체계

순수주의는 1960년대에 조형 예술 전반에 나타나, 미니멀리즘과 합쳐지면서 1970년대에는 절정에 이른다. 순수주의 회화는 추상성과 함께 순수 구조주의 성향으로 다양한 형태의 변화를 객관적인 규칙성으로 환원한다. 동양적 사유 체계에 입각한 패러다임의 전환을 배경으로 하며, 무채색을 건축가의 코드와 정신으로 강조했다. 특히 건축에서 장식적 경향을 배제하면서 장식적 형태뿐만 아니라 색채도 사라지게 되면서 흰색이나 건축 재료의 색채가 그대로 외부와 내부에 나타난다.

116 Paul Klee, Ab Ovo, 1917
파울 클레는 색채의 심리 지각적 측면에서 자연의 내재적인 질서(요소들의 관계성)의 구축에 주력하고 작품의 존재보다는 제작 과정에 의의를 두었다. 물고기처럼 비늘은 구조적인 형태를 의미하고 비늘의 다양한 색 조합은 물고기의 고유한 형태를 완성하는 동시에 제작 과정에 상대성을 강조함으로써 색채에 의해 더 많은 관계를 형성하게 된다. 색채 상대성으로 시각적 운동을 만들어 내는 것을 제안한다.

116

117

118

117 Lyubov Popova,
Air+Man+Space, 1889
러시아의 아방가르드 미술가인 류보프 포포바는 건축의 구축 원리를 화면에 응용하여 재질감을 가진 색 면들이 착시 효과로 긴밀하게 상호 관입하거나 교차하는 구축적 공간을 창조한다. 공간, 선, 색, 재질의 네 가지 기본 요소의 구축물로 회화를 정의하였으며, 다각의 기하학적 색 면들이 단단하게 구축된 색과 형태의 회화적 구축을 표현한다. 화면은 색에 의해 건축적 관계성을 갖는 구조의 명확성과 구축적 조직에 의한 역동적인 에너지를 지니며 에너지를 전달하는 수단으로 색의 무게를 사용한다. 회화적 건축으로 자유롭고 역동적인 공간 구성과 생동감 있는 색채의 상호 작용을 통해 화면에 활기를 불어넣고 색에 대한 새로운 관점도 제시한다. 포포바의 작품들은 공간 안에 떠 있는 것처럼 보이는 겹친 사각형들이 역동적으로 나타난다.
사각형과 삼각형의 형태는 러시아 구성주의의 영향을 받은 것으로, 다양한 색의 비스듬한 형태들은 움직임을 제시한다. 사각형들은 프레임 바깥으로부터 빛의 영향을 받은 것으로 암시된다. 색을 통한 구축은 순수주의가 지향하는 색에 대한 관점을 회화로 재현했다는 점에 의의가 있다.

118 Wassily Kandinsky, The Cow, 1910
칸딘스키는 이미지를 점, 선, 면이라는 표현의 순수한 기호 요소로서 조직하여 색채를 인간의 정서적 표현에 가장 유력한 요소로 보았다. 색채를 광의의 형태로 정의하고, 화면에서의 색채 요소들의 합목적 배치, 즉 색채 간의 구축적인 조직을 통해 새로운 화면의 힘이 창조된다고 여기고 색채 간 구축적 조직의 중요성을 역설하였다. 따라서 색채와 기하학적인 형태의 상호 유기적인 관계성이 중시된다. 또한 색채는 음악과 같은 것으로 진동하는 색채의 효과는 곧 내적 울림 또는 내면적 힘의 바탕이 된다. 음악이 청취자에게 공감을 주는 것과 같이 형태도 색채도 관람자 속으로 침투하고 반향을 일으켜서 관람자를 깊이 감동하게 해야 한다고 보았다. 〈그린다〉는 것은 〈형태를 색채로 운율화〉하는 것이고 색채를 통해 감동적인 힘을 보여 주는 것이라고 언급하였다.

119

119 Le Corbusier, Unité d'Habitation, Marseille, France, 1952

순수주의가 추구하는 다양한 관점들을 건축으로 표현한 대표적인 건축가 르코르뷔지에는 단순하면서 기하학적인 형태를 추구한다. 건축 재질을 드러내지 않으려는 목적으로 색채를 사용하며 자연적인 조건이나 배경과의 관계를 고려하지 않았다. 또한 색은 공간의 형태를 진실하게 나타내기 위한 것으로 건축적 효과와 공간적인 조형성, 그리고 부피감을 형성하는 체계로 도입하였다. 특히 색채의 역할은 시각적인 착시 효과를 얻기 위한 수단으로서 색채를 독립적인 물체나 독립적인

재료로 사용한다. 그는 흰색을 절대적인 공간색으로 사용하며 〈평면적인 배경에서 투사된 색채는 공간적인 조형성, 즉 부피감을 형성하는 체계이다. 그리고 공간에 있어서 감흥의 원천은 언제나 흰색이다〉라고 하면서 흰색의 중요성을 강조한다. 건축 외장색의 대부분이 흰색으로 도입되는 것은 이와 같은 이유이다. 무채색으로서 흰색은 강력한 의식의 주체적 색채이며, 본질적으로 자연과의 동화를 지향하는 비움의 색채로서 다른 색들은 흰색의 가치를 나타내기 위한 색채라고 하였다. 또한, 사용된 색채들은 형태에 완벽하게 일치할 수 있어야 한다는 관점을 가지고 있었다. 청색과 갈색, 녹색과 적색,

백색과 흑색의 구성으로서 건축의 본질적인 요소라는 관점으로 색을 사용하였다. 색채의 지각 심리를 통한 공간 표현을 중심으로 하는 그의 색채 사용 방식은 〈사용자를 중심으로 하는 건축 색채〉의 새로운 관점을 제시한다.

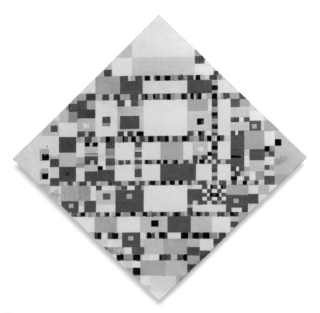

120 Piet Mondrian, Victory Boogie Woogie, 1944

몬드리안은 화면 구성에서 색채의 공간적 효과에 대한 실험으로 자연의 대상물을 기하학적인 색 면들로 분해하여 대상의 명확한 구조를 바탕으로 색 면의 긴밀한 관계로 조직화한다. 극도로 축약된 검은 선과 원색의 사각형 색 면이라는 보편적 요소를 수평과 수직의 객관적 틀에 근거하여 자연의 〈결정적 관계〉를 추구하고 수학과 같은 정확한 직관적 조직으로 예술을 완성한다. 직관을 통해 관계성을 조화시킴으로써 화면의 평형성을 획득, 자연의 형태 변화를 객관적인 규칙성으로 환원한다. 따라서

형태와 색채는 상호 관계를 불러일으키는 요소로 인식한다. 몬드리안은 〈예술가가 자연과 예술이 같은 수학과 기하학의 법칙에 바탕을 두고 있다는 사실을 인식할 때, 이와 같은 원칙에 따라 형태를 선택하게 된다〉라고 하였다. 색채는 사용한 재료의 자연적인 질감을 없애는 데 필요하며 꺼칠꺼칠한 투박한 형상의 재료에서 재료 표면은 반드시 매끈하고 광택이 나야 한다. 이러한 표면의 현상은 시각적으로 재료의 무게감을 감소시키는 역할을 하며 색채 사용은 무채색의 면들과 평형한 관계를 이루기 위해 사용하는 것이다. 몬드리안이 마지막으로 완성한 그림인

「브로드웨이 부기우기Broadway Boogie-Woogie」는 노란색 선을 기본으로 빛의 방향과 속도와 리듬이 느껴지는 여러 색 배열이 함께 나타난다. 전혀 예상하지 못한 색과 배열만으로 맨해튼 브로드웨이의 모습과 음악, 춤 그리고 움직임과 반짝거리는 리듬감까지 느낄 수 있다.

7   인상주의

움직이는 색, 인상주의

인상주의는 19세기 프랑스를 중심으로 일어난 미술 사조로서
인상주의 음악과 문학의 발전에 영향을 주게 된다. 인상주의
화가들은 수시로 변화하는 풍경을 현장에서 직접 화폭에
담음으로써 생동감과 친근한 그림을 그리게 된다. 그들은 빛과
색의 조화, 대상과 면의 구성을 실험하면서 현대 미술에 결정적
인상을 준다. 색채의 관점을 변화시키는 인상주의는 색을
선택하는 출발점에서, 대상의 고유색은 없으며 늘 역동적이고
변화하며 안정적이지 않은 빛의 반사에 의한 색채를 구현하기
위해 노력한다. 순색에 의한 빛의 반사와 변화로써 색채가
출현하게 되는 배경이 된다. 이는 물체가 지닌 색이 아닌 빛에
대한 집착으로서 빛의 운동이나 변화를 표현하기 위한 것이다.
인상주의는 색채에 대한 인식을 자연이 주는 가장 변화하고
안정적이지 않은 빛의 표현, 즉 〈채색된 진동〉으로 평가하고
이를 표현한다. 따라서 완전한 세계를 구현하기 위한 순수한
시각적 현상을 색의 구조로 파악하는 관점을 제시하고 있다.

121   122   123

121, 122, 123 Claude Monet, Cathedrale Notre-Dame, 1893
빛의 강도에 따라 색이 달라진다는 사실을 그대로 나타내는 작품으로 모네는 대상의 색에서 탈출하여 자연의 빛을 상에 부여하고, 빛을 지각하는 그대로 화면에 재현한다. 또한, 형태를 소거하여 빛으로 분해하는 화면의 무형성Formlessness을 끌어낸다. 모네의 이 연작들은, 보이는 대로 작품을 제작해야 한다는 관점에서 시시각각 변화하는 빛과 대기의 상태에 따라 다르게 반응함으로써 달라지는 색채를 보여 준다. 이는 상황에 따라 달라질 수 있는 색 현상을 나타내는 동시에 사물은 고유색을 가질 수 없음을 의미한다.

124 Paul Cézanne, The Black Marble Clock, 1869~1871
세잔은 사물을 색의 구조로 파악하며, 고전적 투시도에 의한 화면의 구성 방식에서 벗어나 색 면들의 대비적 배열로 형태를 만들어 낸다. 또, 빛을 조직화하고 색채가 화면의 공간을 조직하는 힘으로서 색채를 통한 구축 가능성을 최초로 제시한다. 따라서 요소 간의 상대적 관계로 입체적 형태의 구축 가능성을 보여 준다.

125 Eugène Delacroix, Liberty Leading the People, 1830
들라크루아는 〈움직이는 색과 분위기〉를 중시하였다. 특히 불안정한 순간의 느낌을 전달하기 위해 많은 반사 효과를 나타내고, 색의 혼합을 통하여 부드러운 색채로 구현하게 된다. 특히 자연을 있는 그대로의 색으로 보고 강렬하게 병치가 되는 색으로 자연색을 표현한다.

124

125

126

126 Georges Pierre Seurat, A Sunday Afternoon on the Island of La Grande-Jatte, 1884~1886

쇠라는 광선이 자연 속에서 작용하는 현상을 색채와 빛의 명암으로 나타나도록 화면에 재구성함으로써 색채의 동시 대비적 효과로 형태를 드러낸다. 대상을 빛의 존재로 보았으며, 완벽한 대상색의 묘사에서 벗어나 색채와 빛의 자율성에 의존하게 되는 입장을 보여 준다. 쇠라는 이처럼 색채의 과학적인 적용을 중심으로 지각 대상에 대한 인식과 광학 법칙으로 미술의 새로운 언어를 만들 수 있다고 보았다. 「그랑자트 섬의 일요일 오후」는 각각의 사회 계급 구성원들이 공원에서 활동하고 있는 모습을 나타낸 것으로써 여러 색으로 칠해진 병치된 작은 점들이 감상자의 눈에서 시각적으로 혼합되면서 물감의 안료가 원래 색과는 다르게 인식된다.

8 해체주의

해체주의는 이 시대의 주류 철학이다

해체주의는 종래의 로고스Logos 중심의 철학을 근원적으로
비판하는 포스트 구조주의의 문학 이론으로, 자크 데리다
Jacques Derrida가 1960년대 제창한 비평 이론의 사고방식이자
예술, 문학, 건축 등에도 널리 퍼져 있는 현재의 주류 철학이다.
지금까지 서유럽의 전통적 형이상학과 구조주의를 철저하게
비판하고, 그 사상의 축이 되었던 모든 것을 상대화시켜
새로운 사상을 구축하려는 움직임이다. 구조주의는 우리에게
의식되지 않은 심층적 구조에 주목하는 이론으로 대표적인
사상가 레비스트로스Claude Lévi-Strauss가 등장하면서 의식 뒤편에
의식되지 않은 사고가 있다는 점이 부각된다. 이는 견고한
서구의 철학 사고를 뒤집는 혁명과도 같았지만, 해체주의를
창안한 데리다는 구조주의 역시 서구적 사고방식의
전형이라고 비판하였다. 데리다의 사상은 롤랑 바르트Roland
Barthes와 미셸 푸코Michel Foucault가 시도하였던 서구 사상에서
상대화의 시도를 계승한 것이며, 리좀Rhizome과 유목민적
운동을 이야기한 질 들뢰즈Gilles Deleuze의 사상과도 연동이 된다.

해체주의에서의 예술과 건축

해체주의 예술과 건축은 1987년 한불 전시회에서 베르나르 추미의 「라빌레트 공원Parc de la Villette」이 소개된 이후, 신구성주의 Neo-constructivist란 명칭으로 등장했다. 이후 프랭크 게리Frank Gehry 의 등장으로 건축가들에게 확대되기 시작되어, 현재까지도 해체주의 양식의 건축물들이 세워지고 있다. 건축학적으로는 파괴 혹은 해체, 풀어헤침의 행위적 관점에서 부정적 경향이 강한 예술 사조이다. 포스트모더니즘의 대안으로 〈해체〉 에 대한 통속적 이해는 조립 또는 조형에 반하여 분해 또는 풀어헤침, 그리고 건설에 반한 파괴와도 직결된다. 그러나 이 주의는 부정적 이미지를 뛰어넘어 긍정적 이미지를 포착하고, 건축 형태의 해체주의적 개념을 강화하는 것이다.

해체주의 건축 양식은 건축의 순수성, 균형성, 완전성을 부정하고 근대 건축의 합리적 기능주의를 배격한다. 또한, 건축물의 기본 원리인 용도, 기능, 중력, 구성, 거주성, 편의성 등을 해체하며, 기존의 건축 개념을 배격하여 구성주의나 미래주의Futurism처럼 불확실하고 비정형적 원리를 추구한다. 건축물의 외형 자체가 대부분의 건물 형태인 기하학 도형이 아닌, 거의 일그러진 형태로서 중심성, 통일성, 계층 질서 들을 찾아볼 수 없다. 모더니즘 건축과 달리 비틀어지고, 휘어지고, 겹쳐지는 왜곡뿐 아니라, 때때로 무중력 상태에 떠 있는 착각을 일으키기도 한다. 해체주의 예술과 건축의 특징은 자유로운 의사소통을 가능하게 하며 기존의 형태를 파괴하거나 단편화시켜 형태를 변형, 조합, 중첩, 회전시키는 의미를 포함한다. 즉 체계적 측면뿐 아니라 디자인 개념에서 철저한 개방성을 중시한다. 형태의 어느 요소에도 중심을 부여하지 않기 때문에 형태는 모든 의미나 원리로부터 자유로워지며, 동시에 어떤 의미로도 해석할 수 있다. 탈형식주의는 결과물들이 하나의 공통점을 갖지 않고 새로운 소재와 독창적 기법을 사용하며, 이는 해체주의가 양식화되는 것을 막기 위한 의도적 노력이다. 말하자면 포스트모더니즘 재현성의 문제를 비판하여, 기호와 의미 사이에는 필연적으로 차이와 유보가 존재한다는 점을 각인시킨다. 포스트모더니즘의 고전적 기호와 의미의 재현은 기억과 향수에 불과하므로, 데리다의 차연 Différance 개념을 통해 모든 불변의 의미를 제거한다. 그러므로 건축과 예술은 각각의 의미로부터 자유롭고 다양하다.

해체주의의 중요한 개념인 유동성은 어떤 예술과 건축이든 시간에 따라 다양한 해석이 이루어지며, 이는 고정된 물체가 아닌 생명력에 비유된다. 우리가 보는 도시는 어떤 의미에서 오늘의 우리 시대의 형상이라고 할 수 없으며 결국 모든 것은 정지한 채 고정된 것이 아닌 진행 상태에 있다. 그 의미 또한 영원하거나 절대적이지 않으며 유보된 상태로서 예술은 필연적으로 과거와 연관되어서 현재와 함께 존재하며 미래의 선험적 요소들과 함께 창작될 때 존재한다. 콜라주는 단편화된 이미지를 조합하여 역사적이고 다양화된 이미지를 재구성하여 혼성의 상태를 생산한다. 위계적 질서의 고집스러운 집착을 버리고 새로운 차원으로 진행하기 위하여 상상력과 경험을 지녀야 한다. 어떤 임의적 원칙 대신 여러 가지 개념이 병행하여 작용하며 서로의 상호 작용을 중요시한다. 일정한 과정이나 원리를 고집하지 않고 현실적, 시대적 상황과 연계하여 자연스러움을 추구하는 것이다.

새로운 색채 효과를 보인 해체주의 건축가들

해체주의 건축의 주된 색채의 활용 방법은 형과 형태를
변형, 조합, 회전, 전치하여 유기적으로 생성하거나, 단위
공간을 분절시켜 새롭게 형성된 입체에 색채를 적용한다.
이때 건축 색채는 과거의 재현적, 상징적, 역사적 사용에서
벗어나 각각의 단편화된 입체의 순수성을 추구한다. 따라서
색채는 질료의 특성을 나타내거나, 중첩된 매스의 명료성을
위해 활용되기도 한다. 또한, 변형된 형태를 도드라지도록
무채색을 사용하기도 하며, 주변 환경을 반사하여 자신의
색채로 흡수하는 방식을 적극 사용하기도 한다. 피터 아이젠먼
Peter Eisenman은 건축 공간과의 분절 형태를 강조하거나 형태의
명료성을 강조하기 위한 방식으로 색채를 사용한다. 그는
분석적인 형태를 강조하기 위하여 건축물에 활용된 기본
형태들을 분리한 후, 고명도 색채들을 주조색으로 채택된다.
채색된 색에 점진적으로 톤의 변화를 주어 중첩되거나 분절된
형태를 색으로 표현한다. 베르나르 추미는 모더니즘 건축의
세계에서 탈피하여 건축 디자인의 한계를 넘어서는 시도를
계속하고 있다. 따라서 그의 건축은 분리, 변위, 전위, 탈중심
등의 해체 전략을 사용한다. 이러한 개념을 전달하기 위하여
무채색과 단일한 원색을 사용하거나 강한 원색과 다른 원색을
대비시켜 사용하기도 한다. 이러한 이유는 분리된 건축물이
하나의 매스로 보이도록 하는 데 색채를 활용하거나 공간에서
중요한 축을 단일한 원색으로 수립하는 것이다. 그는 그동안의
건축을 고정화된 형태에 의미를 두고 있어 건축의 다양한
가능성을 배제하고 있다고 생각했다. 그러나 그의 저서『맨해튼

127 Peter Eisenman, Greater Columbus Convention Center, Columbus, USA, 1993
콜럼버스 컨벤션 센터는 각 건축물 간에 높이와 위치에 차이를 두어 전시 공간과 공공 구역을 명료하게 구분하였다. 건축물의 외부는 주로 YR 계열과 크림색을 적절히 섞어 공간을 읽을 수 있도록 하였다. 파스텔 피치, 크림, 페일 라일락 등 파스텔 계열의 톤인톤 배색은 분절된 면뿐 아니라, 중첩되고 재배치된 내부 공간의 구획을 분류하는 기능적 색채 역할을 한다. 특히 분절된 면은 같은 요소끼리 비슷한 톤을 유지하여 형태적 관점에서 색채를 사용하고 있음이 명확하게 드러난다.

127

기록Manhattan Transcripts』에서 건축의 구성 요소는 공간Spaces, 운동 Movements, 사건Events 의 세 가지로 구분한다고 주장한다. 특히 인간이 건축의 공간을 경험한다는 것은 무관성Indifferance, 상호 관련성Reciprocity, 충돌Conflict이 서로 관계하면서 가능해진다고 보았다. 미국의 잡지 『배너티 페어Vanity Fair』에서 〈이 시대 가장 중요한 건축가〉로 선정된 프랭크 게리는 기존의 건축적 차원과 논리의 질서를 초월하는 작품을 지향한다. 그는 새로운 이념을 창출하기 위해 순간의 우연성과 영감을 선호하였는데, 특히 빛의 반사성이 강한 티타늄 패널을 주재료로 사용하였다. 이는 건축의 색채가 주변 환경과 상호 작용하여 전통적인 고정된 건축의 색채를 해체하기 위한 목적이었다. 즉 건축 색채는 주변을 포함하며 동시에 주변에 영향을 주는 개념으로

128 Peter Eisenman, Aronoff Center for Design and Art, Cincinnati, USA, 1996
아르노프 센터는 건축가가 공간을 분절하고 변형시킨 입체를 조합하는 데에 건축 색채를 적극적으로 활용하였다. 대지와 건축물의 관계를 보면 더욱 명료해진다. 직사각형의 긴 대지에 건축물이 잠시 안착한 듯, 마치 이러한 움직임을 초 단위로 촬영한 컷처럼 채색되어 있다. 파스텔

계열의 한색과 난색은 같은 색조 배색으로 배열되어 역동성을 강조하며, 이러한 배색은 건축물이 유기적으로 성장하는 과정을 형상화한 듯 보인다. 건축물의 매스는 회전, 분절, 조합되어 무중력의 공간을 떠다니는 것처럼 보이며, 이러한 형태를 부각하기 위해 난색과 한색이 뉴트럴 색과 적절하게 부합되어 있다.

129 Peter Eisenman, The Wexner Center for the Arts, Columbus, USA, 1989
웩스너 센터 역시 건축의 형태뿐만 아니라 공간 내의 다양한 요소들에서 분절되거나 어긋남을 색 차이로 나타낸다. 색 차이, 재료 차이, 줄눈 차이 등 전체적인 매스와 함께 디테일의 변화에 색이 대입됨으로써 형태적 특징을 강화하게 된다.

128

129

130

130 Bernard Tschumi, Parc de la Villette, Paris, France, 1987

도심 재개발 프로젝트의 일환이었던 라빌레트 공원은 점, 선, 면 등의 이차원 디자인 요소로 구획된 공원이다. 나무와 숲으로 조성된 자연이라는 전통 공원에서 벗어나, 비장소Non-place로 접근하였다. 이처럼 장소성이 제거되었기 때문에 객체와 주체는 분리되지 않으며 공원에 놀러 온 사람들은 맥락과 관계가 해체된 진공 상태에 머무르게 된다. 폴리Folie는 건축 분야에서 일종의 장식적, 상징적 요소로 활용되지만, 라빌레트 공원에서는 전혀 다른 관점으로 접근하고 있다. 면으로 인식한 땅 위에 35개의 폴리는 일종의 점으로 존재한다. 점은 면 위에서 선Grid+Point으로 연결되는 다차원의 의미를 표현한다. 베르나르 추미는 〈나에게 빨간색은 색이 아니라 콘셉트이다〉라고 하며, 이 색은 공원에 있는 사람들에게 활력을 주는 요소라고 말한다. 고채도, 순색의 빨간 폴리는 공원에 점으로 해체된 요소들을 표시하는 일종의 기호이자 정체성이다. 따라서 이때의 빨간색은 디자인 요소 중 하나인 건축의 색채가 아닌, 개념이 되는 것이다.

활용하였다. 〈건축은 본질적으로 삼차원의 오브제인
까닭에 조각이어야 한다〉라며 하루에 12시간 이상을 작품
창작에 쏟았던 그는 기존의 건축 형태를 생성시키는 철골과
콘크리트 대신에 물결 모양으로 주름진 알루미늄과 다층적
철조망, 그리고 연속적인 굴곡 면을 사용하여 형상화하였다.
전통적 건축 형태로부터 과감한 이탈을 주도하고 있어
비평가들로부터 1990년대를 새롭게 이끌고 있다는 평가와
함께 해체주의Deconstructivism의 건축 경향을 선도하는 인물로
꼽힌다.

렘 콜하스Rem Koolhaas는 속박, 구속, 정형화된 모델, 이념,
프로그램의 자유라는 디자인 사상으로 양면적 건축가라는
평가를 받는다. 과거 건축의 이상이었던 조화, 질서, 일관성
등을 추구하지 않고, 긴장, 모순, 역동성 등을 현대 도시의
공간에서 다양하게 표현하고 있다. 그는 대도시에서 건축
미학을 발견하려고 하였으며 그가 말하는 아름다움이란
일관된 질서보다는 개개의 건물이 서로 상충하고 대립하면서
아름다움을 이루는 것으로 이해할 수 있다. 이러한 도시의
미학을 실현하기 위한 전략으로써 그는 〈불확정적 프로그램〉,
〈포인트 그리드Point Grid〉, 〈맵핑Mapping〉, 〈레이어링Layering〉, 〈비워
두기Void〉 등의 개념들을 사용한다. 대지를 재단하는 건축가로
불리는 도미니크 페로Dominique Perrault는 건축 어휘를 풍부하게
하는 데 있어 예술적 가치관을 중요하게 여기고, 불확실성과
과거의 스타일을 해체하는 방식을 채택한다. 또한, 지형
내에 건축물이 안착하는 부분에 대해 깊이 고민하며, 유리나
금속이 지닌 투명, 반투명에 대한 연구를 지속하고 있다. 그는
공간을 채워 디자인하는 것이 아니라 주변 환경을 담아내려고

노력한다. 쿱 힘멜블라우Coop Himmelb(l)au는 색상이 아니라 열린
공간이라는 개념과 부합되는 단어로, 〈열린 공간〉을 중심으로
비정형, 비영역, 개방, 투명, 역동을 일컫는다. 또한, 기울어짐,
비틀림, 꿰뚫기, 파괴, 갈라짐 등을 사용하며, 직접 색채를
쓰기보다는 재질 고유의 색채를 활용하며 만약 색채가 필요할
경우 원색을 사용한다.

131

131 Frank Gehry, El Peix,
Barcelona, Spain, 1992
본격적으로 뒤틀린 외양이나
곡면 재료를 활용하기에 앞서
시대를 뛰어넘은 실험적인
작품으로 볼 수 있다. 훗날
그물망, 금속판, 굵은 철사를
다이아몬드로 엮은 펜스,
곡면 유리 등의 재료 등은
프랭크 게리의 작품에서
되풀이된 개념의 출발점이다.
구축 당시에는 획기적인
작품이었으며, 초기에는 물고기
형상이 고스란히 보인다. 이후
대상으로써의 물고기 형태가
아닌 물고기의 반짝이는
비늘이나, 물고기가 움직이는
유선형의 모습으로 나타난다.
단일한 재료색이지만 빛의
작용에 따라, 보는 방향에 따라
지속해서 움직이는 색을 보여
준다.

132 Rem Koolhaas, Netherlands Dance Theater, Hague, Netherlands, 1988

건축물 전면에 금속으로 덮인 재료를 사용해 주변의 색채를 왜곡되게 반사하거나 흡수한다. 그리고 그 위 오렌지 레드의 매스는 강력한 물성으로 존재한다. 건물을 왼쪽으로 끼고 계단 쪽으로 이동하면 그 물성은 점점 존재감을 확실하게 한다. 이때 맷 골드Matt Gold, 투명 유리, 블랙 프레임으로 구성된 콘이 눈길을 끈다. 외부는 검은색을 주로 사용하였으나 중명도, 고채도의 오렌지 레드와 맷 골드로 형성화하였다. 긴장과 부조화를 표현하기 위해 다채로운 기법으로 기존의 건축 질서를 무너뜨리고 비대칭 형태, 유기적 형태, 다원적 형태, 그리고 형태 분리가 색채를 통해 강조된다.

133 Frank Gehry, Bilbao Guggenheim Museum, Bilbao, Spain, 1997

빌바오 구겐하임 미술관은 프랭크 게리의 섬네일 스케치와 페이퍼 스터디 모델을 기초로 하여, 프랑스 항공 우주 기업인 다소 시스템Dassault System이 개발한 CATIA 프로그램으로 완성된 건물이다. 외부 재료는 티타늄, 라임스톤, 그리고 로이 유리는 주변 환경의 변화를 반사하고 흡수하여 다양한 톤을 동시에 연출한다. 유선형이 겹쳐져 있는 비교적 각진 부분에는 라임스톤을 사용하였다. 이는 자유로운 형태의 티타늄과 달리 광도가 거의 없어 고정된 색채의 이분법적 사용으로, 자유롭지 않은 형태를 상징적으로 구분하는 도구가 된다. 전체적으로는 오프화이트, 실버, 베이지 등의 중명도 고채도의 난색 모노톤을 활용하였으나, 그의 건축 개념인 탈중력, 중력 왜곡, 방향성 전환, 비정형 유선 등을 돋보이게 한 현명한 선택이었다. 이러한 건축 색채는 마치 건축물 자체의 온전한 색채가 아닌 주변의 물과 하늘과 같은 다양성이 반영되어 나타난다.

133

132

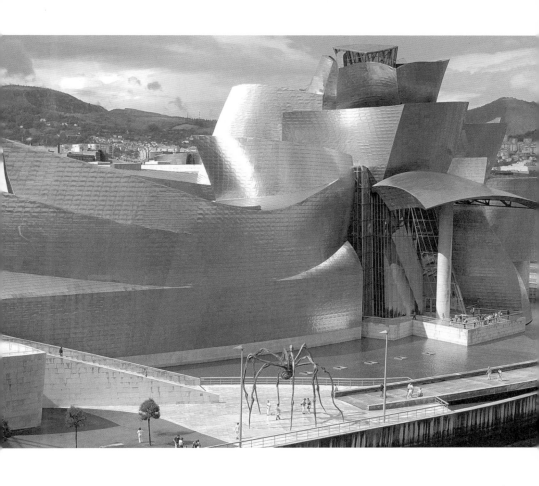

134

134 Dominique Perrault, French National Library, Paris, France, 1995
대지 위에 솟은 4개의 20층 타워는 책을 90도로 펼친 모습을 하고 있다. 각 타워의 정면은 모두 유리로 외부 빛을 고스란히 받아들인다. 정면에는 2중 외장으로 이루어져 한쪽 면은 투명하고 낮은 반사도의 방화 유리가 설치되어 있다. 빛의 차단은 패널과 셔터, 차양Brise-Soleil으로 인해 가변적 표피가 형성된다. 이는 공간의 사용에 따라 달라진다. 내부에는 부분적으로 목제 블라인드로 빛을 차단한다. 이 공간은 완전하게 투명한 외장을 통한 빛의 투과와 차폐로 색의 투명도와 광택을 자유자재로 만든다.

135 Dominique Perrault, Olympic Velodrome and Swimming Pool, Berlin, Germany, 1999
거대한 규모의 사각형과 원을 활용한 건축물로 기존 지형에 낮게 안착한 형태에서 시작한다. 철망과 투명 유리로 구현된 외부는 그 주변 토양과 경관의 색채를 충분히 조사한 후 선정하였다. 철망 사이로 비치는 주변의 색채는 철망 사이사이에 촘촘히 새겨진다. 도미니크 페로에게 건축물은 풍경을 구현하는 것이다.

따라서 그는 건축물이 자연과 혼합되는 것을 목표로 한다. 특히 개방과 폐쇄는 디자인의 중요 요소로 작용한다. 베를린 올림픽 경기장과 수영장도 지면에 맞닿게 설계하였으며 색채도 주변 맥락과 함께하는 것을 목표로 한다.

136 Coop Himmelb(l)au, Funder Werk 3, St. Veit/Glan, Austria, 1989
기하학적 형태들이 모여 모양을 이루듯, 광택도가 서로 다른 오프화이트로 색채를 구현한다. 서로 다른 텍스처를 지닌 흰색은 광택도가 다른 흰색을 구현하며, 인디언 레드의 캐노피는 정체성을 부여한다. 형태는 휘어지고 솟아올라 시각적으로 충격을 전달하는 데 반해, 색상은 명료한 흰색으로 독자성을 걷는다. 또한, 악센트를 부여하는 유리와 알루미늄의 사용으로 현대 건축의 융합적 관점을 표현한다.

135

136

137 Coop Himmelb(l)au,
Groninger Museum, Groninger,
Netherlands, 1994

전시장은 딱딱한 두개골을
보호하는 뇌로 비유되고,
전시 작품은 기계 장치로
순환되는 유동체로
이야기된다. 순환되는 전시
공간은 액체 건축이라고
부른다. 이렇게 파편화된
공간은 셀, 매스, 선, 면
등이 서로 관통하고 교차
순환되며 공간과 공간을 상호
연속적으로 관입하여 무한
연속 동선으로 구성하고
일부는 시각적 연속성으로
상호 연결한다. 건축물을
파편화하듯, 색채로도
파편화는 가속화된다.
방향성을 상실한 매스는
모든 색을 점으로 표현한
모자이크 타일로 함축적
의미를 지닌다. 중명도와
고채도의 따뜻한 색상들은
유머러스하게 나타난다. 내부
공간은 정형화된 형태가
존재하지 않으며 선과 면
그리고 촘촘하게 뿌려지는
빛으로 미완성 형태의
불협화음이 나타난다.

137

3장   패러다임의 변화

1 상징과 절제에서 풍부함으로

복잡한 색, 화려한 색, 변화하는 색, 사실적 색, 풍부한 색

모더니즘의 대표적 개념인 〈과한 것보다 모자란 게 낫다^{Less} $^{is More}$〉는 건축 형태에서도 간결한 공간, 장식 없는 공간을 만드는 원리였으며 건축 색채에도 절제된 색을 도입하게 하였다. 다양성에 대한 거부, 복잡함에 대한 거부로써 흰색의 건축에 빨강과 노랑, 파랑인 3원색이 건축 색채에 사용되었다. 그러나 대중주의를 근간으로 하는 현대 건축의 개념은 사실적인 것을 그대로 나타내는 것, 표현된 것만이 진정으로 표현된 것, 〈충분한 것이 진정으로 충분한 것^{More} $^{is More}$〉으로 전환되었다. 풍부하고 다양한 것, 은유적이지 않고 절제되지 않았기 때문에, 설명하지 않아도 그냥 보이기 때문에 쉽게 다가온다. 내재적 의미를 파악할 필요가 없으며, 시선을 잡아내고 주의를 끌어낸다. 따라서 현대 건축의 색채는 단순함이 가진 가치보다는 복잡함과 풍부함의 가치를 드러낸다. 현대 건축에서 색채는 공간보다 더 적극적으로 사람들의 참여를 유도하고 공간 안에서 영향력 있는 이미지를 만든다. 그러므로 〈사람들에게 어떻게 보여 줄 것인가?〉가 더

중요하다. 그래서 공간이 나타낼 수 있는 은유적 한계를 훨씬
뛰어넘어 색채에 더 많은 가치를 두고 이를 중시한다. 장 누벨은
〈공간적 특질은 더는 중요하지 않다. 거리의 상업적 사인들이나
총천연색 빛들이야말로 가장 놀라운 건축의 장관 중 하나라고
생각한다. 빛의 강도나 색채는 또한 대단히 중요한 지각의 한
차원이다. 그런데도 그것은 낡거나 천박하다고 의도적으로
배제되었다. 무엇이 천박한 것이고 무엇이 우아한 것인지를
결정하는 게 매우 어렵게 느껴진다. 감각과 예술의 역사에서
이루어져 온 위대한 진화 중 많은 것이 사실상 천박한 것에서
나온 것이다〉라고 언급하였다. 현대의 건축 색채는 순간적
이미지를 표현하고 사실적이며 설명적이다. 많은 사람에게
쉽게 다가가고 이야깃거리를 형성한다. 사실적이고 설명적인
그림이 건축 어디에서나 고스란히 색으로 표현되며, 풍부한
색과 변화 있는 구현 방식으로 복합적인 색이 탄생한다.
절대적이고 규범적인 체계에서 순간적 이미지를 여과 없이
나타내므로, 접근 가능한 대중의 공감대를 형성하는 것이다.
그러므로 현대의 건축 색채는 대중과의 커뮤니케이션에서 그
중심이 된다. 현대 건축은 공간과 인간 사이의 관계에서 변화에
의한 움직임 감지를 적극적으로 드러낸다. 색에 따른 대중과의
교감과 사용자의 공간 인식을 중시하고 다양한 현상체로
건물을 인식할 수 있도록 표현한다. 또한 다양한 현상체로서
건물을 나타내고 적극적 참여를 유도하며, 색을 보는 방향이나
형태적 특징과 접근 경로 등을 고려하여 대상물에 접근하면서
연속으로 색을 인식하게 한다. 〈즐거움〉은 〈절대적으로 가장
중요한 삶의 범주로서 모두와 친해지는 것〉이며 인간의 많은
활동에서 만날 수 있다. 즐거움은 논리적 근거가 없고 개인차가

있다. 색에 의한 즐거움 역시 하나의 원칙이나 조건으로 귀결될 수 없다. 대중을 움직이며 즐거움을 주는 색채는 직접적이고 자극적이다. 단일한 색채보다는 다양한 색채가, 은은한 색채보다는 화려한 색채가 그리고 색을 통한 대비를 만들고 변화하는 색채에서 즐거움을 느끼게 된다. 색채는 사용자에게 건축을 충분히 설명하는 동시에 즐거움까지 선사한다.

138

138 Will Alsop, Ontario College of Art & Design, Toronto, Canada, 2004

윌 올솝의 건축 개념은 일상의 지루함과 싫증을 상쇄시키고 즐거움을 제공하는 것을 목표로 한다. 독창성, 혁신, 풍부한 표현으로 이정표적인 건축물로 해석하고 대담한 색채 선택과 색채 대비로서 일상적 흥미를 유발하고 있다. 특히 색이 가진 직관적이고 대중적 가치를 표현함으로써 도시의 커뮤니티를 활성화하고 적극적 참여를 유도한다. 다양한 그룹의 사람들이 컨설턴트로 작업에 참여하게 함으로써 〈참여적 디자인Participatory Design〉이라는 강력한 건축이 만들어진다. 회화, 조각

매스에 조화되는 강렬한 색채, 커뮤니티의 활발한 참여와 사용 등으로 다른 건축이나 건축가의 색채와 완벽하게 구별되는 건축 색채의 체계를 구현하고 있다. OCAD 건물은 예술적이고 대담한 상상력이 풍부한 건물로 평가되며, 토론토의 상징물로서 도시의 랜드마크로 자리하고 있으며, 환영적인 이미지를 색채와 형태로 형상화한 것이다. 테이블 톱Table of Top으로 표현되는 건물은 마치 픽셀처럼 흰색과 검은색의 불규칙한 패턴으로 상부가 만들어져 예술 디자인 대학으로서의 상징성을 드러낸다. 조각적인 12개의 멀티 컬러의 다리가 생성되어 있으며 캔틸레버Cantilever

형식의 기둥으로 지지가 된다. 이처럼 다양한 색채와 상징적 형태는 초기 형태의 발상 과정에 도입된 색채와 형태의 도출 방식과 일관성을 나타내는 것으로 분석된다. 대담한 색채와 밝은 색채는 건축의 내부와 외부 모두에서 여과 없이 나타나고 있다. 다양한 앵글로 이루어진 다색 기둥과 테이블 톱 부분에 입혀진 검은색 패턴은 대학의 상징이다.

139

139 Roman Brychta, Adam Halíř, Ondřej Hofmeister, National Technical Library, Praha, Czech, 2006~2009

도서관은 그 시대의 문화 아이콘이자 지역을 대표하는 중요한 건축으로 문화의 발달과 삶의 수준, 건축의 가치와 직결된다. 많은 도서관에서 과거의 권위적인 형태성과 장중한 색채가 사라지고 친밀하고 적극적이며 동적인 색채 사용을 보여 준다. 프라하에 위치한 국립 기술 도서관은 자연 과학과 사회 과학의 문서를 가장 광범위하게 보유하고 있다. 외부는 유리로 이루어진 파란색 커튼 월로 장식되어 있으며 내부는 무채색의 콘크리트 표면이 그대로 노출되어 있다. 각 층의 난간에 도입된 그래픽 디자인 개념은 〈기술 교과서〉를 상징적으로 나타내었으며, 도서관 사용자에게 어떻게 공간이 디자인되었고 기능하고 있는지를 전달한다. 무지개와 같은 강렬한 패턴이 입혀진 바닥은 기술 전문 도서관의 이미지에 맞게 에너지를 발산하는 그래프와 같은 패턴으로 형성된 고채도의 다색이다. 열선 형태의 강렬한 이미지가 형상화된 고채도의 색채가 도입되면서 차갑고 건조한 콘크리트 공간이 친근하고 활력 있는 공간으로 바뀌었다. 빨강과 주황, 노랑, 파랑과 연두로 이루어진 바닥은 도서관이라는 정적 환경의 개념과 완전히 반대된다고 할 수 있다. 사용자의 유연하고 편안한 이용을 위한 도서관으로 공간의 한정적 구획을 벗어나 각 공간 간의 자연스러운 연계와 통합 시스템으로서 관계성을 유연하게 하는 색채를 볼 수 있다.

140

140 FFArchitekten, Martina
Wronna, Luckenwalde Library,
Luckenwalde, Germany, 2009
독일 브란덴부르크주의
루켄발데에 있는 작은
도서관으로 마을 중심에
위치하며 공공 공간을
활성화하기 위해 만들어졌다.
전통적 스타일의 기존 건물과
연결되는 도서관이며 새롭게
신축된 부분은 독창적 디자인과
함께 완벽하게 다른 형태와
재질로 구성되어 있다. 지역의
랜드마크로 시간과 날씨의
변화에 따라 구리와 알루미늄
합금으로 이루어진 재료가
반사도를 다르게 하면서 색을
변화시킨다. 내부 공간은 마치
휴게 공간과 같은 형식으로
구성되어 있으며, 구획되지
않은 단일한 흰색과 다색으로
처리된 가구와 책꽂이가
설치되어 있다. 다양한 색과

함께 자유롭고 유연한 디자인은
즐겁고 경쾌한 공간 분위기로
사용자와의 상호 작용을
극대화한다.

141, 142 H2o Architects,
Avondale Heights Library &
Learning Centre, Avondale
Heights, Australia, 2010
도서관의 디자인 개념은
마음속에 자리한 유연성의
표현에 있다. 밝고 선명한
색으로 이뤄진 그래픽 패널로
만든 건물 형태가 독특한
외관을 드러낸다. 환상적이고
화려한 색채는 지역의 건물과
대비를 이루면서 상징적인
효과가 극대화된다. 지역
주민에게 다양하고 즐거운
공간으로 설계된 커뮤니티
시설로 건물 외관과 함께 상호
작용할 수 있는 색채 효과가
잘 나타난다. 외부에 적용된

볼드한 색과 과감함 패턴은
호주의 현대 회화 작가 하워드
아클리Howard Arkley의 환상적인
표현으로 디자인되었다. 그러나
외부와 상반되는 내부 색채는
흰색이 주조를 이룬다. 이는
공간의 이용 방식에서 자유롭고
유연한 형식을 나타내며,
부분적으로 도입된 공간을
나누기 위한 유리 칸막이에
도입된 투명색에 의해 내부
공간이 즐겁게 전환된다.

141

142

143

2부 시간의 색

144

143 Jean Nouvel, Agbar Tower,
Barcelona, Spain, 2005
사용자의 지각에 따른 변화,
자연 현상의 변화를 건축에
담아내면서 색채 역시 공간
현상의 변화에 따라 색과 빛이
공간에 채워진다. 색과 색, 색과
공간 사이에 발생하는 다양한
현상을 유기적으로 나타내는
반응체로서 시각적 역동성과
벽면의 해체, 시간의 변화에
따라 다르게 구현된다. 벽에
칠해진 정방형의 무작위적 색의
배열과 반투명 블라인드를
통해 다층적 질감을 지닌
색을 표현하는 아그바 타워는
시간에 따른 빛의 온도 감지를
통하여 블라인드의 움직임을
유도하고 이에 따라 진동하는
빛을 나타낸다. 단순한 형태에
변화하는 색을 나타냄으로써
유기적으로 색이 변하고 빛으로
전환된 색채 사용과 다층적
입면 그리고 사이 공간을
통하여 다양한 빛의 변화를
보여 준다. 따라서 색과 빛,
재질의 병치와 중첩으로 색채의
혼성을 감지하게 된다.

144 Chistian de Portzamparc,
Philharmonie Luxembourg,
Luxembourg, Luxembourg, 2005
새롭게 조성된 유럽 연방
빌딩으로 조개껍데기 안의
가려진 진주와 같은 모습을
형상화한 건물이다. 크리스티앙
드 포르장파르크는 〈나는
필터라는 개념으로, 필하모니
사무실의 일반적인 개념에서
탈피하여 필요한 것들을
디자인하였다〉고 언급한다.
불투명한 구조를 벗어나 투명한
유리를 통하여 사람들이
외부에 있는 것과 같은 느낌을
만들고자 하였다. 827개의 흰색
기둥은 빛과 그림자 사이의
움직임을 위한 무대 같은
구조와 함께 유연한 공간을
보여 주는 앞면을 형성하고
있다. 가려진 부분, 접힌 부분에
드리운 강한 색조의 색채는
접힘과 겹침으로 가려진 형태적
특징이 강렬하게 드러난다.
건물의 형태처럼 조개 안의
진주 같은 색채 역시 끼워진
형상으로 건축의 개념과
일치한다.

145 Jean Nouvel, Hotel Silken
Puerta América, Mardid, Spain,
2003~2005
층마다 색채와 공간의 특징을
다르게 강조하며 대담성을
드러내는 건물이다. 〈꿈으로의
초대〉라는 개념으로 전개된
호텔로 각각 다른 재료와
색채, 창조적인 공간을 만들기
위한 형태를 도입하고 있으며,
아방가르드한 디자인을 만들어
냈다. 호텔 외부는 붉은색
그러데이션으로 건물과
차양에 같은 색을 입혀서
차양을 내렸을 때 색의 면적이
확대되고 건물 전체가 색으로
도포되는 효과를 준다. 내부는
세계적으로 명성 있는 건축가와
디자이너들 19명에 의해 층별로
다른 디자인이 적용되어 있다.
고객은 각 디자이너의 취향에
따라 모두 다르게 디자인된
객실을 고를 수 있다.

145

147 Will Alsop, The Colorium, Dusseldorf, Germany, 2001

황폐한 지역에 강한 자극을 주는 디자인과 불규칙하고 채도가 높은 색의 배열로 거리의 분위기를 전환한다. 도시와의 커뮤니케이션을 위해 건물 외관을 상자처럼 만들고 파사드와 측면 모두를 원색의 컬러 블록들로 불규칙하게 배열하였다. 이는 컴퓨터를 활용한 디자인으로 전자 이미지는 조지 허시George Hersee의 〈F 카드〉라는 주제를 가지고 재구성한 것이다. 30개의 색채와 17개의 패널로 구성된 블록의 불규칙적 배열은 미디어의 심미적 표현을 불러일으키면서 거리를 지나는 사람들에게 강렬한 이미지를 주게 된다.

146

146 LOOK Architects, Bishan Public Library, Singapore, Singapore, 2006

비샨 도서관은 〈나무 위의 집〉이라는 도서관으로 놀이와 여행을 연상시키는 곳이다. 캔틸레버 구조와 같은 격자형의 돌출된 구조 벽에 도입된 다양한 색유리로 끼워지면서 특징 있는 색 공간이 나타난다.

투명한 색 공간은 자연광과 합쳐져 색으로 전환된 빛이 공간 안에 만들어지면서 건축의 파사드 특징을 강하게 드러낸다. 투명한 색으로 전환된 빛에 의해 내외부가 독특한 색 환경을 연출한다. 좁은 공간에서 투명으로 만들어진 극적인 공간 경험은 사람들의 호기심을 자극하게 된다.

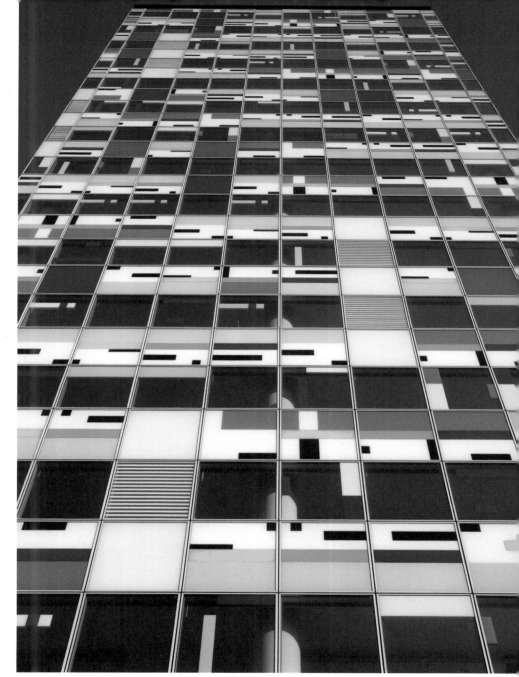

147

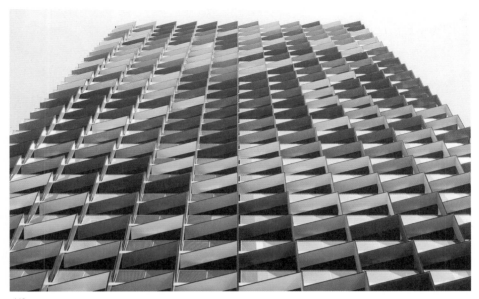

148 Elenberg Fraser, A'Beckett
Tower, Melbourne, Australia,
2011

도시 생활의 무의미함을
강하게 감싸 안는 개념의
에이베켓 타워는 사람들에게
강한 인상을 준다. 지역의
연관 관계를 강렬하게 만드는
16개의 서로 다른 색으로
형성된 347개의 루버는 독특한
매력을 나타낸다. 이는 괴테의
색채 이론을 실험하여 만든
것으로 상당히 감각적인 색의
효과가 상징적으로 재현되었다.
적용된 괴테의 색채 이론은,
색은 하나의 현상이며 밝음과
어두움의 차이에서 존재하는
것임을 이야기한다. 이 건물을
따라서 걸으면 L자형의 꺾어진
형태로 도입된 색 때문에 생긴
그늘과 그림자로 색의 변화가
나타난다. 따라서 하나의
색을 사용하는 것이 아니라
우리 몸이 색에 의해 직접
반응하고 어떤 의미를 가질
수 있게 할 것인가에 중점을
두고 진행하였다. 다색의
분리된 색채들은 우리 마음에
강렬한 인상을 주고 있으며,
태양이 비칠 때 루버들은
움직이는 것과 같은 현상을
만들어 낸다. 특히 곡면으로
형성된 건축 형태는 서로
다른 앵글을 만들어 냄으로써
영화 장면처럼 경험된다. 같은
시간대에 건물은 전체로 읽히며
그림자가 드리워져 디테일이
다르게 나타나면서 색의 효과는
극대화된다.

2   이성에서 감성으로

색은 이미지 생성의 도구이며 비동기화된 감성을 생성한다

색채의 강력한 특징은 사람의 감성에 작용한다는 점이다.
화려하고 풍부한 색채에 마음이 움직이며, 때로는 하나의
색만으로도 너무나 많고 풍부한 감흥도 일어나게 된다. 사람은
색이나 형을 볼 때 형태로서 지각할 뿐만 아니라 색이나 형에
대하여 감정이 부가되면서 이미지가 생긴다. 심리학적 관점에서
형과 색의 지각에 감정이 생기는 것은, 보는 연상이 작용하기
때문이다.[*] 건축가는 개념을 전개하기 위하여 스케치하고
모델을 만든다. 건축의 생성 초기에는 대부분 색을 생각하지
않는다. 마음이 움직이는 대로 스케치하고 원하는 재료와
색으로 형태를 그린다. 따라서 개념의 전개를 위하여 스케치에
도입되는 색채는 조화의 이론과는 무관하다. 그러나 색에 관한
치밀하지 않은 사고가 오히려 다양한 형식으로 재조직화되면서
건축가만의 고유한 색 체계로 나타나기도 한다. 형식이 있는
것보다는 비형식적인 것에서, 색의 조화보다는 부조화에서,
규칙적 배열보다는 불규칙한 배열에서 다듬어지지 않은
색채로 색의 효과는 극대화된다. 상상적 건축이 우리에게

최영훈, 『색채학 개론』
(파주: 미진사, 1996), 41면.

주는 즐거움만큼 상상적 색채 역시 사람들에게 즐거움과
흥미를 준다. 사람의 상상적 이미지를 동기화하는 힘은 그
어떤 재료보다 색에 따른다. 일상의 지루함을 상쇄시키는 건축
작품들이 많아지면서 현대 건축의 새로운 개념으로 자리 잡고
있다. 현대 건축의 중요한 관점이 이성에서 감성으로 전환되게
하는 힘은 건축가의 상상력에서 출발하며, 사람들에게 감성을
일으키는 중요한 원천은 색으로부터 유발되기 때문이다.

149

149 Will Alsop, Blizard Building,
London, UK, 2005
모든 디자인의 출발을 자신의
스케치와 회화를 기점으로
하는 윌 올솝은 다작의 화가로
20여 회 이상의 전시회를
개최하였다. 그의 작품은
건축과 함께 밝은 분위기를
조성하고 기쁨을 전파하기 위한
것이다. 회화에서 나타나는
가장 큰 특징은 정확한 구조나
아웃라인이 없으며, 그 스스로
구조를 포기하고 있다고
말한다. 대부분의 회화 작품은
건축을 모색하는 개념으로서
다채롭고 반추상적인 회화로
나타난다. 색의 사용에서
검은색과 분홍색을 많이
사용하고 있으며 마치 얼룩과
같은 형태가 드러난다. 회화는
건축의 매개적 원리가 되며,
회화에서 나타난 선호하는 색도
명확하게 나타난다. 블리저드
건물은 런던의 의학과 치의학의
연구소로서 올솝의 창조성이
매우 높게 나타나는 건물이다.
공간의 콘셉트는 개방적인
환경에 과학과의 통합을
추구한다는 개념으로 설정되어
있다. 건물과 건물을 연결하는
사이 공간에 2개의 건물이
대형 유리 다리로 연결되며,
과학과 예술의 결합을 나타내는
핑크와 보라색이 등장한다.
밖에서 건물의 내부가 보이며
투명한 유리에 입혀진 상상적인
그래픽도 나타나게 된다.
전체가 녹색으로 이루어진 교육
공간의 빨간색 의자는 풀밭
위에 놓여 있는 꽃을 상징한다.

150

150 Will Alsop, Calypso, Rotterdam, Netherlands, 2012
윌 올솝의 건축은 거침Roughness, 명백한 라인Clear Lines, 밝은 색채 스킴Bright Color Scheme, 비정형적 패턴Patterns Breaking을 추구한다. 칼립소는 윌 올솝의 성향을 가장 잘 나타내는 건물 중 하나로 건축가의 관대하고 자유로운 놀이 공간과 같은 이미지와 독창성이 두드러지게 나타난다. 색과 형태의 변화 있는 결합을 통해 복합적이고 미래지향적이다. 빨간색과 오렌지색 계열로 이루어진 유채색의 건물과 회색과 베이지색 계열로 이루어진 건물 그리고 단일한 브라운색 등 3개의 색채 군을 가지고 있는데 용도에 따라 사무실과 상점, 교회, 주거 공간으로 분리되어 있다. 다면적으로 이루어진 경사진 표피의 외관과 불규칙한 크기의 유리 패널이 빛의 각도에 따라 변화하면서 건물의 독창성이 더욱 돋보인다. 규칙적이지 않은 색, 안정적이지 않은 색이 주는 아름다움과 높은 채도의 대담성과 다듬어지지 않은 색채 조화로 건축 색채의 즐거움이 극대화된다.

151

151 Alessandro Mendini, Casino Arosa, Groningen, Netherlands, 1994
멘디니는 건축이나 실내 디자인, 제품 디자인 등 다양한 분야를 넘나들며 얽매이지 않는 자유로운 사고로서 진정한 그만의 작품을 만들어 낸다. 멘디니는 양식이라는 규칙과 틀에서 벗어나 망상 혹은 추상의 세계로 자신만의 생각을 스케치한다. 파사드는 〈혼돈〉을 이미지화하고 있으며 모자이크 타일과 라미네이트를 사용하여 이를 표현하였다. 복합적이고 불규칙적인 색의 조합은 보는 위치에 따라 다른 느낌을 준다. 공간의 시각적인 볼륨을 표현하는 소재로 망점과 같은 색을 사용하여 자유스런 현상과 끊임없이 변화하는 느낌을 준다.

152 Will Alsop, The Public, Sandwell, UK, 2000
지역 사회의 활성화를 위하여 만들어진 역동적인 개념의 공공 문화 공간으로 지역 축제의 장으로 만들어진 건물이다. 직사각 큐브 형태에 젤리 빈Jelly Bean으로 불리는 곡선 형태를 가미해 즐거움과 다양함을 형상화하였다. 여기에 알루미늄 클래딩 방법으로 외피 일부를 뒤덮으면서 동시에 뚫린 부분은 핑크색 조명으로 입혀져 〈즐거움의 상자〉로 불린다. 공공 예술의 성격을 가진 건축을 통하여 재생과 갱신을 보여 주는 기능을 가진 내부 공간에 다양하고 역동적인 조명이 공간 전체에 더해져 즐거움을 선사한다. 디지털화된 나무와 폭포를 상징화한 인터렉티브 작품들이 건축의 형태와 일치되는 색과 형태를 지니고 있으며, 램프를 따라서 걸으면서 각 공간을 산책하듯이 작품과 함께 감상할 수 있도록 설계되어 있다. 강렬한 색과 조명, 일차적 색채가 주는 유치함이 오히려 공간의 특징이 되었고, 열린 공간으로 사용될 수 있는 원동력이 된다.

152

153 Philippe Starck, Alessandro Mendini, Coop Himmelb(l)au, Groninger Museum, Groningen, Netherlands, 1994

흐로닝허르 미술관은 필리프 스타크와 알레산도로 멘디니, 쿱 힘멜블라우가 건축에 참여하였으며, 세 건축가가 개별적으로 디자인한 3개의 주요 전시관이 있다. 원통형 건물은 필리프 스타크가, 노란색 타워는 멘디니가. 해체주의적 형태는 쿱 힘멜블라우가 디자인하였다. 전체적으로 화려하게 보이는 중심은 이탈리아의 멤피스 그룹Memphis Group에게서 영향을 받은 것이다. 해체주의적 형태와 함께 불규칙하고 무질서하며, 화려하고 장식적인 색의 혼합을 통하여 즐겁고 풍부한 색의 향연을 펼친다. 불확실한 형태와 다색의 색채, 비고정적 형태와 조화롭지 않은 색, 안정적이지 않아서 더 즐거운 건축 색채의 새로운 방향을 제시한다. 엄격하고 규범적인 건축 형식에서 탈피하여 풍부한 색의 조합과 불규칙한 형태와 다색의 아름다움이 나타난다.

153

154 Will Alsop, Fawood Children's Centre, London, UK, 2004

파우드 어린이 센터는 건축의 기본적인 형식이나 과정이 일반적인 형식에서 벗어난 대표적인 작품이다. 올솝은 어린이 센터를 〈방갈로〉와 〈튀어 오르는 것〉에서부터 시작한다. 어린이들의 상상력을 만들어 내는 장소와 아이들이 도시락을 먹을 수 있는 장소, 날씨에 방해를 받지 않는 야외무대와 나무 위의 집도 구성하였다. 교실로 사용되는 컨테이너에 밝고 진한 색채와 바닥에 사용된 자유로운 곡선이 대비된 색채 패턴은 자유로운 활동과 유연한 공간의 흐름을 유도하는 데 사용된다. 이처럼 일상의 가치와 표현의 중시는 올솝의 철학에서 비롯되었다. 건축의 직접적인 목적보다는 마음과 가슴을 위한 공간을 표현하는 데 중점을 두었으며 건축의 가치가 형성된다고 자신의 철학을 강조한다. 디자인의 기본적인 개념은 어린이들을 위한 환경을 제공하기 위한 것으로, 상당히 큰 창고형 건물에 밝고 대담한 모빌 형식의 아크릴로 구성된 커튼형 매시와 다색의 색채 조각이 나열되어 있다. 오픈 스페이스가 연상되는 공간에 빛과 투명성, 다색의 놀이 박스가 연상되는 편안한 디자인과 다양한 색채로 어린이들이 꿈꾸고 놀이 하면서 공부할 수 있는 환경을 만들었다.

154

3   형태에서 표피로, 표피에서 미디어로

색과 형태, 재질, 미디어의 결합

현대 건축은 형태와 구축을 강조하는 체계에서 벗어나
가벼움과 변화를 추구한다. 가벼움의 추구는 색채의 사용에도
많은 변화를 가져왔을 뿐만 아니라 이미지화된 색채가 공간에
사실적으로 드러나도록 한다. 또한, 구조와 재질, 구축 방법
등과 밀접하게 결부되면서 색채가 부합된다. 건축의 표면이
스크린과 같은 외피로서 〈화면 입면〉을 만들어 내는 셈이다.
특히 형태의 간결성은 스크린과 같은 색채를 나타내는 채색의
배경이 되며, 여기에 새로운 현대 건축의 새로운 장식 기법인
미디어와 같은 사실적 이미지들이 화려하게 나타난다. 색채는
건축 디자인을 위한 많은 디자인의 요소 중에서 가장 쉽게
변화되고, 속성을 변화시키거나 실질적인 속성을 없애기도
하고, 속성의 표현을 더 다양하고 깊이있게 표현해 준다.
축조나 구조를 드러내지 않기 위한 색채는 마감 재료와 긴밀한
연계성을 형성하면서 유기적으로 작용하는 색채로 전환된다.
무게와 질량을 없애고 고정 이미지를 벗어 버리게 함으로써
색채를 통해 경량화된 질감으로 미디어와 같은 표피가

생성된다.

　색채의 구현 방식에도 많은 변화가 있으며, 현대 건축의
새로운 장식으로서 블록형 색채가 아닌 〈픽셀화된 색〉, 〈형태,
질감, 빛과 혼합된 색채〉로 드러난다. 재료의 물질적 성질을
이용한 표면 질감으로 색의 표현, 그리고 모듈 개념의 기본
단위를 반복 증식하는 경향이 주목받고 있다. 픽셀화된 색,
혼합된 색채가 디지털로 구현됨으로써 현대 건축의 색채는
더욱 화려해지고 유연하게 표현된다. 또한, 색을 통한 레이어의
형성, 색이 빛으로 전환되면서 나타나는 공간의 변화를 통해
고정된 형태가 가질 수 없는 감성적 공간으로 전환되면서 색에
의해 공간의 가치는 더욱 확대된다. 미래에는 여러 감각 기관을
동시에 자극하는 다중 감각 디자인이 모든 영역에서 확대될
것이다. 건축의 색채 역시 다중 감각적 체계로 접근될 것이며
이미 시도가 되고 있다. 건축 색채의 디지털에 의한 구현은
시각적일 뿐만 아니라 촉각적 표현까지 가능해지면서, 건축의
공간은 더욱 감각적이며 다면적 차원을 보여 준다. 건축 색채는
이제 독립된 실체가 아닌 사람들의 반응을 유도하는 적극적인
언어로서, 건축 공간과의 지속적 관계로서, 끊임없이 변화하는
색채로 전환될 것으로 생각된다. 따라서 건축의 색채는 매체, 즉
미디어로 전환될 것이며 시간에 따라 변화하는 색채, 움직임을
반영하고 공간을 채우는 색채, 다층적이고 혼성적 색채로
확대될 것이다.

155

블루 콘도미니엄 타워는
추미의 최초 주거용 건물로서
상업용으로 사용되던 건물을
주거용으로 전환한 건물이다.
건물의 외피 전체를 뒤덮고
있는 픽셀화된 고밀도의
파란색은 변화하는 표면,
움직이는 질감으로 보이는
현상을 유발함으로써 뉴욕시의
역동적인 활력을 표현하고
있다. 픽셀로 전환된 표면을

광학화하여 옵티컬 아트와 같은
가현 현상이 나타난다. 외부가
불규칙한 색 점의 배열 때문에
광학적 이미지로 전환되면서
건물 전체를 압도하는 화려한
장식을 선보인다. 또한, 전체
입면의 각도 변화와 함께 색색의
변화도 더욱 분명하게 나타난다.
색채 면적의 불규칙한 변화는
순차적인 그러데이션보다 더욱
역동적이고 가시적인 효과를
만들어 낸다.

156 Jean Nouvel, Danish Radio
Concert House, Copenhagen,
Denmark, 2002

동시대적 건축은 단순한 형태와
소재가 두드러지며, 간결해서
다양한 특징을 나타내기
쉽고 표현 형식을 다양화할
수 있는 배경이 된다. 형태가
주는 조형적 가치가 축소되고
사라지면서 색과 질료의 특성이
강하게 주목받는다. 라디오
센터 하우스는 파란색을
나타내는 〈블루 스크린〉이
가장 중요한 건축의 개념으로,
구조와 결부되지 않는 표피적
평면으로 구성된 색 면에 의해
형태의 단순성을 부각한다.
특히 복잡한 형식의 건물은
내부가 투시되는 경량화된
스틸 매시가 외부 전체를
감싸면서 파란색의 색 표피로
음악당이 떠 있는 것과 같은
모습을 드러낸다. 색 면으로
이루어진 표피와 내부 공간
과의 사이 공간에 빛의 변화를
통하여 건물 전체가 빛으로
채워지면서 건물 전체가
스크린이 된다.

157 Neutelings Riedijk, Netherlands Institute for Sound and Vision, Hilversum, Netherlands, 2006
음향 및 영상 수집을 위한 대규모 연구소로 네덜란드에서 생산된 모든 시청각 자료를 소장하고 있는 건물이다. 표면에 나타난 유리 파사드는 미디어 충격의 전달이라는 이미지를 가시화한 것으로, 시간 안에 멈춰져 있는 영상을 나타낸다. 건축은 다양한 광고 속에 포화한 세계의 이미지를 진지하게 비평한다는 개념으로 그들의 신념을 표현한다. 입구는 상반된 표현 형식을 지닌, 벽체가 녹색 슬레이트인 자연석으로 구성되어 있다. 5개 층의 모든 공간이 파사드의 유리에서 형성된 색채가 회색 알루미늄에 반사되면서 공간 전체를 압도하는 분위기를 형성한다. 54미터 사각형 앞에 독특한 색으로 만들어진 유리는 그래픽 디자이너 야프 드뤼프스테인Jaap Drupsteen이 디자인하였으며, 네덜란드 텔레비전의 역사를 가시화한 것이다. 밤이 되면 건물 전체가 빛을 발하는 하나의 텔레비전 화면으로 바뀐다.

158

158 Coop Himmelb(l)au, The
Busan Cinema Center, Busan,
Korea, 2011
부산 영상 센터는 아시아와
축제 자체의 상징으로 조형적인
아름다움을 강조한다. 센터의
〈빅 루프〉는 세계에서 가장 큰
지붕으로 강, 나루 공원과 함께
잊을 수 없는 장면을 만들어
낸다. 42,600개의 LED 조명과
함께 안쪽 지붕에 스크린과
같은 영상을 나타내면서
유연한 형태와 함께 색이 주는
아름다움을 극대화한다.

159 Jean Nouvel, Hotel Sofitel
Vienna Stephansdorm, Wien,
Austria, 2011

현대 건축의 다양한 가능성을
실험적으로 표현하는 건축가로
알려진 장 누벨은, 건축은
〈공간을 구성하는 기술〉뿐만
아니라 〈이미지를 생성하는
작업〉을 중시한다. 이미지를
생산한다는 것은 〈보이게
만든다는 것〉에 대한 관점에서
무의식적, 무의미적 표현의
중시와 우연적인 효과에 대한
기대를 시각화하며, 순간적인
이미지 표현을 중시하고
이를 추구한다. 대중과
문화의 소통으로써 사용하는
사람들에게 친밀성을 부여하고
참여적인 가치를 끌어내는
사실적이고 설명적인 이미지가
대담하게 도입된다. 비디오 패널
구조로 다양한 식물의 종류를
표현한 이미지는 건물 전체의
천장을 확대된 스크린으로
연출하고 있다. 빛으로 전환된
색채는 극적인 효과와 장면의
연출로 사람들에게 적극적으로
작용한다.

159

160 MVRDV, Chungha Building, Seoul, Korea, 2013
다양한 색과 빛의 변화로 외관이 매우 역동적이다. 투명 유리에 자갈 모양의 섬세한 패턴이 유리에 프린트되어 LED 조명으로 색이 나타나면서 모래와 같은 패턴이 색과 빛의 번짐을 그러데이션과 같은 이미지로 생성한다. 공간과 조명, 패턴의 복합적 결합으로 인해 깊이 있는 푸른색이 연출된다.

161 Hawkins Brown, Department of Biochemistry, University of Oxford, Oxford, UK, 2009
겹쳐진 색으로 다면적 표피가 나타나는 현상은 빛의 변화에 따라 다중적인 색채 현상을 보여 준다. 층층이 쌓인 색유리가 커튼 월 시스템과 연결되면서, 자연 현상과 빛의 변화를 가장 잘 받아들이는 픽셀화된 투명 색채로 변화 있는 파사드가 연출된다.

161

2부 시간의 색

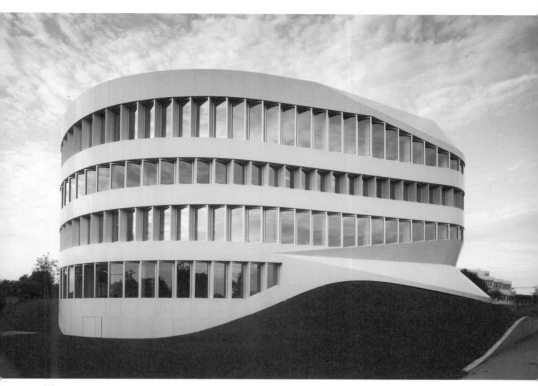

162 Herzog & de Meuron,
Eberswalde Technical School
Library, Eberswalde, Germany,
1999
에버스발데 기술 학교의
도서관에 새겨진 이미지들은
패스티시Pastiche 기법에 의한
표피로서, 세리그래프Serigraph
프로세스를 이용해 프리캐스트
콘크리트와 유리 패널에 사랑,
인간의 유한성, 정치 등을
테마로 표현하고 있다. 토마스
러프Thomas Ruff와 협동 작업을
통해 만들어졌으며 신문의 다양한
사진들을 건물 표면에 새겨
넣은 것이다. 건물의 외피가
마치 화폭처럼 나타난다.
이처럼 사실적 이미지는 다른

이미지보다 좀 더 설명적이고
구체적이기 때문에 보는
사람에게 쉽게 다가간다. 특히
건물의 입면이 사실적 이미지의
반복으로 이루어진 경우 다른
어떤 것보다도 주목적이다.

163 UNstudio, Centre for Virtual
Engineering, Stuttgart, Germany,
2012
UN 스튜디오의 색채 다이어
그램은 시간에 따른 사람의
행태 변화와 색의 변화를
색으로 나타낸다. 투명색은
공간을 연상하는 볼륨을 지닌
다이어그램의 기본 단위로서
색의 유연한 그러데이션과
부피를 지닌 투명한 질감이

반투명 색을 통해 공간을
암시한다. 볼륨을 형성하는
색채 다이어그램은 사람의
활동, 즉 유연하고 연속적인
활동을 나타내는 조직으로
건축 공간으로 자연스럽게
이어진다. 어떻게 보이게 할
것인가를 치밀하게 계획하고
적용함으로써 사람들에게
움직이고 변화하는 공간을
경험하게 한다. 각 유닛은
삼차원의 모듈 속에서 만들
어진 공간의 단위로서, 단순한
선이나 면에 의해 구분되는
공간이 아닌 색의 혼합과
겹쳐짐으로 유연한 공간을
만들어낸다.

164 UNStudio, Qingdao World
Horticultural Expo Theme
Pavilion, Qingdao, China, 2014
2014년 세계 원예 엑스포를
위한 건물로 〈지구로부터,
지구를 위해From the Earth, For
the Earth〉라는 주제로 지어졌다.
봄과 여름, 가을, 겨울을
표현하는 색채가 도입되었으며
〈무지개 리본〉이라는 색
개념으로 4개의 색채가 쓰였다.
일루전에 의한 움직이는 것과
같은 표현 기법을 사용하여,
건물 코너를 기점으로 빨강과
노랑, 그리고 파랑과 초록으로
이어지면서 각 면의 색채가
나타난다. 색의 변화는
수직적인 주름과 함께 점차적인
변화로 이어지며, 각각 다른
색이 외피의 수직 측면에서
움직이는 것과 같이 나타난다.
형태와 결부된 색채의 정량적
변화로 단지의 형태와 같이
연결되면서 시점 변화에 따라
유동하는 색채가 나타난다.

164

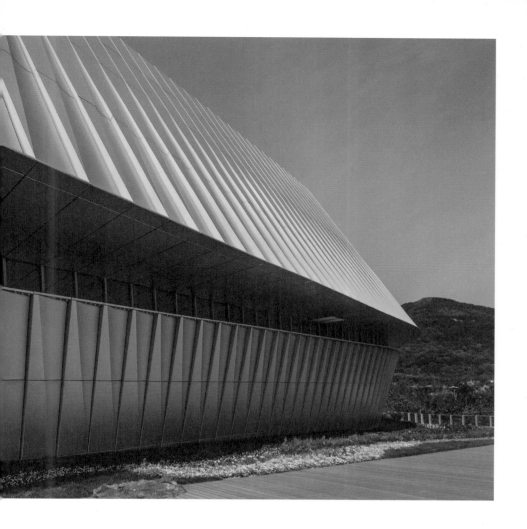

165 UNstudio, Research
Laboratory, Groningen,
Netherlands, 2008
연구소의 파사드는 균일하게
나누어진 흰색의 알루미늄판에
반복적인 선과 측면 디테일의
고저 차에 의해 유동적 표피가
구성된다. 수직적인 알루미늄
패널이 굽어지면서 나타나는
입면은 수직적 파동으로 보는

시점에 따라서 다르게 보이도록
설계되었다. 조명과 함께
일루전을 일으키는 옵티컬
패턴에 노랑에서 연두까지
그러데이션 색채가 사용되고
있다. 단순하고 직선적인 외부
형태와 표피에 섬세한 디테일의
수직면과 수평면의 각도 변화는
보는 시점에 따라 형태와
색채의 움직임을 유도한다.

외부의 저층부에서 고층부에
이르기까지 녹색의 그러데이션,
그리고 내부의 바닥과 벽에
도입된 노랑에서 빨강으로
이어지는 그러데이션 색채는
극적인 장면을 연출한다.

4 장식에서 데이터와 프로그램으로

색은 데이터가 되고 건축의 프로그램이 된다

다양한 색채는 무채색보다 훨씬 강하게 공간을 조직화하고,
시스템이 되며 형태 산출을 위한 다이어그램이 된다. 현대
건축에서 색채는 단순히 공간의 용도를 알려 주거나 공간의
방향을 유도하는 것에 머무르지 않고 건축 프로그램의 해석에
활용된다. 색채가 건축 프로그램의 해석이나 생성을 위한
데이터로 변화되는 셈이다. 또한, 프로그램 과정에서 나타난
색채는 완성된 건축에 그대로 이어진다. 현대 건축에서 색채는
건축의 사고 과정을 구체화해 주는 생성 도구로 사용된다.
수학적이고 정량적 표현과 색채와의 연계성은 색채가 규범을
나타내고 합리적 표현을 지원하며 설계의 시작부터 완결까지
정량적 도구가 된다. 다이어그램은 〈중요한 뜻을 전달하기
위한 단순화된 그림이나 특징〉으로 많은 관계의 지각적 틀로서
지식 자체를 조직화하는 것으로 정의된다. 색은 초기에는
어떤 의도가 전혀 없는 단순한 파장이지만 심상적인 의미와
함께 대비 현상을 일으키면서 색의 위치와 크기, 범위에 따라
구분되고 형식을 조직화한다. 그동안 건축에서 사용되었던

심미적 관점의 도입이 아닌 온전한 정보화, 개념화에 색채가
대입되는 것이다. 특히 복합 공간이 밀집된 곳의 산출 과정에
색채가 사용되면서 정량적 프로그램의 인자로 작용한다.
초기에 제시된 건축의 개념이 색채와 긴밀하게 정보를 분류하고
정량화하며, 이를 종합하여 형태를 생성하는 데 직접 개입한다.
데이터스케이프*가 정보 조직에 의해 만들어지는 형태라면
데이터에 일치되는 색채 역시 색의 데이터에 의한 형태로
설명될 수 있다. 색을 데이터로 사용하여 공간을 산출하는
방식은 많은 건축가가 공간을 설계하거나 기능을 분류하거나
다양한 요구 조건들을 색으로 조직화하는 데 적극적으로
활용된다.

　　색은 정보의 생성을 도와주고 분류하며 이를 정량화하고
종합한다. 공간의 다양한 조건과 데이터의 시각화, 다양한

●
네덜란드의 건축가 바르트
루트마Bart Lootsma는
데이터스케이프Datascape를
건축가의 작업에 영향을
미치거나 조정하거나, 규제하는
모든 측정 가능한 힘의 시각적
표현이라고 했다. 이 영향
인자는 도시 계획과 건물 규제,
기술적 경제적 제한 이를테면
햇빛과 바람 같은 자연조건이나
최소한의 작업 조건 같은
법적 조건일 수 있다. 따라서
데이터스케이프는 가장 큰
영향을 미쳐서 디자인 과정에
영향을 드러내는 한두 가지로
지도화된다. 사회학자 앤서니
기든스Anthony Giddens가 전문적
체계Expert System, 추상적
체계Abstract System라고 말한
것의 시각화이다. 이것들은
의사를 결정하는 정보에 의해
채택된 과학적 절차이다.
따라서 데이터스케이프는 건축
전반에 영향을 미치는 힘과
규제, 추상적, 전문적 체계를
건축으로 도출해 내는 전 과정에
나타나는 시각화이자 일종의
다이어그램이다.

166 복잡한 뉴욕의 지하철
노선이 색으로 분류되면서
위치를 쉽게 인지하게 된다.
환승역과 노선의 겹침으로
이동 경로가 구조화되고
도시의 네트워크를 이해할
수 있게 된다. 색 대비로
사람들의 사고를 정보로
전환해 주면서 공간
프로그램으로 작용한다.

166

다이어그램 생성에 작용하여 형태의 생성을 유연하게 한다.
색채는 그래프나 도표에서 쉽게 데이터를 비교하고 분석하는
데 사용된다. 건축뿐만 아니라 다른 디자인 분야에서도 색채는
정보를 표현하는 도구로서 색의 차이나 대비 효과를 통하여
공간의 분리와 위계, 한계성 등을 구분하거나 통합하는
데 활용된다. 건축의 시각적 표현만이 아닌 공간의 기능과
구조, 다양한 공간의 위계와 범위를 표현하며 건축의 전체
시스템으로 구체화된다. 다이어그램에 도입되는 색채는
개념 형성과 스케치를 통하여 추상적이고 비결정적인 것들을
구체화하는 과정에서도 나타난다. 기능의 분류와 통합 그리고
영역화Territory를 형성하는 색채는 데이터로서 색 다이어그램을
만든다. 특히 효율적으로 형태와 공간의 생성을 지원하게
된다. 따라서 형상화 과정에서 사용되는 색은 자유로운 가운데
명쾌한 시각적 판단을 분명하게 한다. 색은 색의 위치, 색의
차이에 의해 다른 대상과의 비교, 중요도, 관계성 등을 쉽게
드러낸다. 이로써 색은 형태와 공간을 만들어 내는 기초적
생성성을 갖는다.

167 Bernard Tschumi, Le Fresnoy Art Center, Tourcoing, France, 1997

컨테이너 형식의 강철로 이루어진 미술관으로 전시 공간과 도서관, 극장, 식당, 학생들의 기숙사 등이 갖추어져 있다. 실험적인 예술 작품과 예술가들의 협력 작업을 지원하기 위하여 개선된 건물로서 2개의 낙후된 건물을 뒤덮는 형식으로 골판지형 철판과 강관으로 각 공간의 연계를 모두 파란색으로 나타내고 있다. 복합 공간에서 각 공간으로 이어지는 통로가 파랑의 단일색으로 처리되면서 공간의 위계와 범위가 명확하게 나타난다.

168 Steven Holl, Linked Hybrid, Beijing, China, 2009

2003년에서 2009년까지 지어진 건물로 750개의 아파트와 공공녹지 공간, 상업 공간, 호텔, 유치원과 지하 주차장으로 이루어져 있다. 22만 제곱미터의 거대한 복합 건물로 운동 센터와 스파, 커피숍, 책방, 전시실 등 각각의 공간을 색으로 구분하여 프로그래밍하고 있다. 프로그래밍에서 나타난 색은 유리창의 측면과 브리지 하단 색채가 물에 투영되면서 아름다운 경관이 드러난다.

169 MVRDV, Silodam, Amsterdam, Netherlands, 2003

주상 복합 건물인 실로담은 공간의 기능과 영역을 분류하기 위하여 이차원 구성 이미지처럼 용도에 따라 다른 색을 사용한다. 내부 공간 기능에 의해 색이 도입되며, 색을 집적하는 방법으로 색에 대한 재해석 없이 대입되면서 색채로 구분된 입면이 그대로 형상화된다. 모든 공간은 용도에 따라 색으로 묶이며, 층별 공용 통로 역시 바닥과 벽에 일체적 색을 각기 다르게 사용하여 각 층도 역시 구분된다. 주택, 사무실, 작업장, 상업 시설, 공공 영역을 포함한 실로담은 공간 형성 과정에 색을 데이터로 사용함으로서 더욱 주목받는 색의 체계를 가지고 있다.

167

168

169

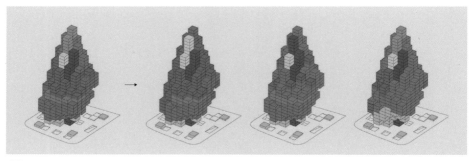

170

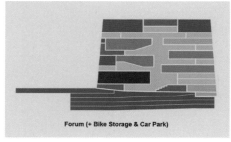

Forum (+ Bike Storage & Car Park)

171

170 MVRDV, Media for Sky Village, Copenhagen, Denmark, 2008
72개의 픽셀은 사무실과 주거, 호텔과 식당, 상업용 공간으로 4개의 블록으로 구분하여 이를 각각 다른 색으로 부여하였다. 무채색을 건물의 코어와 각 공간의 보조 공간으로 구성하여 지원하는 방식으로 배열한다. 기능에 따른 색채 산출과 영역을 구분하는 픽셀의 조합을 통해 형태를 생성한다.

171 NL Architects, Groninger Forum, Groningen, Netherlands, 2007
색에 의한 공간 생성 과정을 그대로 보여 주는 다이어그램으로, 초기에 필요한 공간의 크기와 위치를 계량화된 색의 블록으로 생성하고 기능에 따른 공간을 색으로 분류한다. 분류된 각 블록은 상관성 있게 연결하고 긴밀하게 이입하여 평면에서 입체 공간의 수직 레이아웃을 만들어 낸다. 수직형 블록 레이아웃은 전체 형태의 기본 구조가 되며 색 면의 양을 유지하면서 색을 자르고 다시 맞추어 끼워 넣는 방식으로 공간의 배열 과정을 거치면서 형태를 완성해 간다. 색은 이처럼 공간을 계량화하고 재조직하는 유연한 도구가 된다. 수학적이고 정량적인 표현에 도입되는 색채는 건축의 데이터를 구조화할 뿐만 아니라 유연한 사고를 유도하는 방식으로도 사용된다.

이는 색이 줄 수 있는 생성적 체계로서 정보를 종합하고 이를 전개하는 〈데이터로서의 색채〉라는 관점을 의미한다. 생성과 연계한 색채의 활용 가능성은 그동안 심미적 차원에서만 관점을 가졌던 색채의 단편적 가치에서 데이터로서 전환을 알린다. 이처럼 현대 건축에서 나타난 데이터의 가치를 지닌 색은 미래 건축의 색채 사용 방식으로도 확대될 것으로 생각한다.

5 건축에서 도시로, 도시에서 환경으로

건축의 색채는 건축 개개의 색을 결정하고 건축 개개의 집합은 도시의 색을 결정한다

알도 로시Aldo Rossi는 건축이 시각적 도시의 이미지와 각기 다른 건축물의 집합일 뿐 아니라 오랜 시간에 걸친 도시의 이미지라고 언급한다. 도시는 시간의 흐름과 같이 도시 스스로 성장하며 의식과 기억을 갖게 됨으로써 도시 자체가 구성원들의 집단적 기억이자 기억의 장소가 된다. 도시 색채 역시 건조 환경과 도시에 아이덴티티로 장소를 형성하는 요소가 된다. 도시 색채는 역사적 의미, 지역적 특성, 거주민의 의식 등 다양한 관점이 결부되어 나타나기 때문이다. 건축 색채는 도시의 색채를 형성하는 요인으로 건축의 형태와 재료, 그리고 디테일에 이르기까지 사람과 건물, 건물과 건물, 건물과 배경의 관계로 확장된다. 또한 도시의 색채는 건물 하나를 볼 수 있는 근경과 중경, 그리고 원경에서 각각 다르게 지각된다. 근경의 색채는 건물만 다루지만, 중경과 원경에서는 건물과 건물의 관계 그리고 인공 환경과 자연환경 모두의 범주를 포함한다. 따라서 건축의 색채는 도시적 맥락에서 환경으로 다루어져야 한다. 건물 개개에 도입되는 건축 색채는 규모가 확대되면서 도시의 가독성을 만들어 낸다. 건물의 관계를 만들어 내고 건축의 형태를 조절하며 건물을 대표하는 매체로 광고와 같은 역할을 한다. 도시 색채는 도시의 표현 시스템으로서 도시의 질서를 강화하고 보완한다. 그리고 때때로 도시의 색채는 사회적 경제적 패턴에 의해 조절되기도 한다. 건축 외부의 색채는 건축물의 성격을 표출하는 중요한 요소로서 건축물이 밀집된 가로 공간에서 경제적, 사회적, 문화적 배경을 암시하고 도시의 지역성 및 전통적 생활상 등을 내포함으로써 생활 공간의 중요한 요소가 된다. 따라서 현재 거주하는 사람들의 여과 없는 형상이며 도시의 질도 결정한다. 도시의 색채는 다이내믹하고 늘 변화하며 현상적 존재로 작용한다. 그러므로 고정적 관점으로 이해하기보다는 지역성과 함께 〈삶의 자원과 같은 존재〉로서 유동적 관점으로 이해되어야 하며, 지역민과 소통할 수 있는 열린 방식으로 구축되어야 한다.

도시의 색채 계획

도시의 색채 계획은 건축가의 개인적 선호나 방식이 아닌 도시민의 연구를 통하여 그들이 추구하고자 하는 삶의 방식에 대한 관점에 따라 중장기적 체계로 접근되어야 한다. 도시의 색채는 단기적 환경 개선의 방안이나 실천에 따른 분명한 목적과 계획 없이는 환경에 커다란 혼란을 일으키는 요인이 될 수 있으며 사회적 문제를 불러일으킬 수도 있다. 그러므로 도시의 색채는 전통적이고 풍토적이며 지속해서 유지하고 도시민의 사는 방식을 제시하는 것으로 다루어져야 한다. 또한, 도시의 색채는 인간이 이룬 환경에서 발생할 수 있는 많은 문제점을 이해하고 물리적인 환경에 대한 철저한 이해를 바탕으로, 거주하는 사람들의 심리적 관점을 반영함으로서 이상적 색채로 자리할 수 있다. 따라서 단기적 환경 개선을 위한 관점으로 페인트로 입힌 건축의 색채에 대한 이해가 오히려 환경의 질적 수준을 낮추는 요인이 될 수도 있다. 건축의 본질적 이해와 지역적 재료에 대한 이해, 용도에 대한 이해, 그리고 환경적 배경과 문화에 대한 이해를 근거로 이행되어야 한다. 건축가 박돈서에 의하면 환경 색채로서의 도시 색채는 오랜 기간 수립되어 온 기조색을 바탕으로 형성되는 인공 환경으로 배경색이 되며 이는 다양한 인공 구조물, 지역민을 담아내는 자연 경관과 같은 의미로 해석된다고 하였다. 환경 색채에 관한 한, 나라나 민족의 특성을 추구하기보다는 기후, 풍토, 자연 경관, 그 지역에서 산출되는 건축 재료와 사회적, 경제적 특색이 그대로 배어 나와 지역이나 도시의 고유색을 형성하게 되는 것이다.* 이처럼 고유색은 그 지역이 갖는 기조색이며, 자연 발생적이고 가장 이상적인 색채가 된다. 그러므로 도시의 색채는 기조색을 나타내는 가장 대표적인 인공 건조물로서 환경 색채가 된다. 『환경 색채 계획론』을 쓴 김길홍에 의하면 〈환경 색채는 거대 공동체인 도시가 생존하는 데 수반되는 에너지로서 생존 과정에서의 에너지, 정보의 기능뿐만 아니라 건강과 안전에 밀접하게 관련되는 중요한 가치를 가진다. 이처럼 환경 색채는 커다란 자극원으로써 인간이 복잡한 반응을 불러일으키게 하는 요인이므로 생활이나 사회적으로 사용되는 색채는 인간에게 미칠 수 있는

•
박돈서, 『건축의 색, 도시의 색』
(서울: 기문당, 1996), 133~134면.

반응 효과를 고려한 것이어야 한다〉*라고 했다. 도시의 색은
네 가지의 차원을 가지고 있다. 건축 디테일의 차원, 표면색과
질감의 차원, 각각 그들의 관계성, 개개 건물의 차원을 지니고
있다. 도시의 색채는 규모와 시각적 체계 그리고 자연환경
또는 인간이 만든 주변을 둘러싸고 있는 인공 환경과 긴밀한
관계성을 형성한다. 따라서 도시 색채의 대부분을 차지하는
건축 색채는 도시의 규모에 따라 확대된 시점의 경관이 반드시
고려되어야 한다.

　도시에 적용된 주된 색채가 시각화된 하나의 단면으로
보일지라도 내면적인 의식이 그리 쉽게 달라지지 않는 한
색채의 문화도 단기간 내에 고쳐지지 않는다.** 따라서 도시의
색채는 대중의 문화 코드로서 유행과 기호성을 표현하고
상징적 체계를 구성함으로써 건축의 실존적 의미를 형성하는
생성적 차원을 가진다.*** 또한, 지역적 맥락을 표현하는
도구로서 시대성을 표현하고 거주민의 문화 척도로서 중요한
가치를 창출한다. 도시의 색채는 보편적 매체이며 문화적
정체성을 생성하는 문명의 기반이 된다. 그리고 역사적
연속성과 도시의 가치를 형성하고, 시대의 사고 기반의 표현
체계로서 문화 가치를 설명하는 키워드가 된다. 인간에 의해
건조된 환경 시스템인 도시는 그 장소에서 살아온 사람들의
흔적이며 삶의 반영이므로 도시에 반영된 색채는 삶의 질적
수준과 태도를 가늠하는 척도가 된다. 따라서 도시 내 건축의
색채는 집단 내면세계의 표출로서 타 집단과의 비교 수단이
되며 구체적 실체를 형성하는 도구가 된다. 이로써 집단적 의미
체계를 형성함으로써 거주민의 잠재의식에 작용하며 문화적
가치를 창출하는 복합적 원리로서 작용한다. 실질적인 건축의

*
서명회, 「색채의 환경적 기능과
도시 경관 효과 향상을 위한 조화
방법 연구」, 이화여자대학교 석사
논문, 2001, 23면.

**
박돈서, 앞의 책, 36면.

***
이선민, 「현대 건축의 색채 사고
체계에 관한 연구」, 홍익대학교
박사 논문, 2006, 45면.

색채 개개가 모여 지역을 형성하고 거주민에게 익숙하게
보이면서 역사를 만들고 전통성을 만드는 색채 팔레트가 된다.
풍토성과 장소성의 의미로서의 색은 생활하는 방식을 만들고
사람들의 정서를 회복할 수 있는 요소로 작용한다.

　　인간의 삶을 이루는 자연과 사회는 복잡하지만, 개방적이며
공존 공생의 생명체 특성이 있고, 전체의 보편성 아래 개체의
개별성과 고유성을 갖고 있다. 이런 관점에서 볼 때 건축가
로저스Perry Dean Rogers는 많은 건물이 도시라는 커다란 전체의
일부분으로서 맥락의 이수를 감각적인 것이라고 했다. 이런
연계성은 건축의 형태에서도 느낄 수 있는 차원이지만 재료,
규모, 색 등 다양한 코드를 통해서도 읽힌다. 도시에서 색채의
역할은 건축의 색이 아닌, 특히 건축의 개별적 가치보다는 더욱
큰 전체에서 파악하려는 광역적 접근 태도를 보이며 전체성에
근거한 색채 계획의 차원으로 접근되어야 한다.

172   173

172, 173, 174 Superkilen,
BIG+Topotek1+Superflex,
Nørrebro, Copenhagen,
Denmark, 2012

코펜하겐의 도시 공원
프로젝트로서 레드 스퀘어,
블랙 마켓, 그린 파크의 3개
영역으로 분리 구성되어 있다.
붉은색 큐브와 사선이 도입되어
마치 패치워크 같은 레드
스퀘어Red Square에는 카페와
음악 그리고 스포츠 시설 등이
함께 있다. 흰색 라인으로 길게
연계적 패턴을 나타내는 블랙
마켓Black Market은 전통적인
분수와 벤치가 있는 영역으로
디자인되어 있다. 녹색 잔디로
이뤄진 그린 파크Green Park는
산책과 스포츠, 개와 함께
걸을 수 있는 곳으로 지형의
고저에 따라 구릉지와 같은
모습을 나타낸다. 각기 다른
특색으로 보이는 3개의 영역은
건축과 조경, 그리고 색채와

패턴의 융합 디자인을 볼 수
있다. 음악의 서라운드 파장을
느끼게 하는 패턴은 공공
공간이 주는 여유와 즐거움을
나타내며, 붉은색은 같은
계열의 사각형 스퀘어 패턴으로
사각형과 사선으로 도시 광장에
즐거움과 화려함을 부여한다.
그린 파크는 가장 넓게 조성된
지역으로 자연이 주는 녹색으로
도시 공원 내의 피크닉
공간으로 활용된다. 색과
패턴에 의한 순수한 색 배열로
공간이 구분되고 역동적인 도시
경관 형성에 사람들의 다양한
행태를 만들어 내는 실질적
역할을 한다.

174

맺음말

건축 색채는 건축 형태와 함께 건축가의 개념도 같이 작용한다.
건축 색채는 건축 개념이 되고 형태가 되며 공간이 된다.
그래서 형태의 색채가 되고 사람들과 연계된 관계의 색채로
해석되어야 한다. 또한 건축 색채는 건축과 사람의 크기를
넘어서는 환경으로도 인식된다. 건축의 색채는 사람들의 인지
구조에 지속적 영향을 주므로, 모든 건축의 색채는 도시의
특징을 구성하고 문화를 형성하는 배경이 된다.

　　건축 색채는 사람들의 움직임을 통하여 관찰된다.
이차원으로 칠해지고 형태와 함께 삼차원으로 형성되지만
사차원으로 지각되므로 공간적 시간적 속성을 모두 가지고
있다. 그래서 건축의 색채를 정의하고 그 특징을 이해하려면
색에 대한 이차원의 기본적 지식과 함께 삼차원과 사차원의
색채로서 이해되어야 한다. 이는 지속성을 나타내는 건축의
색채만이 가진 독특한 색채의 속성이라 여겨진다. 건축의
색채는 환경의 변화를 쉽게 받아들이며 지속적으로 변화한다.
환경에 따라, 날씨에 따라, 보는 시점에 따라 색채의 값은
지속적으로 변화하기 때문에 균질하게 측정될 수 있지만

지각될 수는 없다. 건축 색채는 비균질적 색채 특징을 가지며, 환경과 상호 작용하면서 나타나므로 이차원 색채에서 출발하지만 빛의 속성과 같이 작용하면서 자유롭게 변화하는 전환의 색채가 된다. 지금까지 건축 색채는 문화를 대변해 왔고 건축의 역사, 디자인사와 함께 이어져 왔다. 건축사에 나타나는 모든 건축물의 의미와 함께 시대의 가치와 사상도 대변하고 있다. 현재도 건축 색채가 현대 사고의 패러다임과 긴밀하게 이어지므로 건축 색채를 시대적 패러다임과 함께 논해야 한다.

　　지금까지 밝힌 몇 가지 이유만으로도 건축 색채를 단편적으로 논할 수 없는 너무나 많은 관점을 발견하였고, 지금도 급격하게 전환되고 있는 디지털 패러다임 안에서 논자의 시각만으로 중간을 잘라 이야기하게 되었다. 그래서 건축의 색채를 설명하는 데 많은 오류가 있을 것이라 생각한다. 특히 미처 하지 않은 다른 작가들의 수많은 작품에 대한 건축의 색채 탐색도 정확하지 못했으리라 생각한다. 필자 스스로도 확고하게 정립되지 않은 건축 색채에 관한 의미와 관점을 부족한 식견으로 기술하는 것에 많은 갈등과 고민이 있을 수밖에 없었다. 그러나 분명한 것은 건축의 색채가 재미있다는 사실을 더 널리 알리고 싶었다는 점이다. 디지털과 동시에 진행되는 현재 건축의 색채는 비균질한 사차원의 색채로 논의되어야 할 너무나 명백한 체계임을 확신한다. 그래서 다른 사람들에게도 건축 색채를 탐구하는 즐거움을 공유하고 싶은 마음이 컸다. 앞서 언급한 다양한 관점에서 미래 건축의 색채를 계속 연구해야 한다는 입장으로 이 책을 썼다는 마음을 이해해 주기를 바란다.

참고 문헌

◆ 단행본

- 길성호, 『수용 미학과 현대 건축』(서울: 시공문화사, 2003)
- 길성호, 『현대 건축 사고론』(파주: 미진사, 1997)
- 길라 발라스, 『현대 미술과 색채』, 한택수 옮김(파주: 궁리, 2002)
- 린다 홀츠슈에, 『색채의 이해』, 윤희수 옮김(고양: 미술문화, 1999)
- 만리오 브루자틴, 『색 역사와 이론을 중심으로』, 이수균 옮김(파주: 미진사, 1996)
- 메리 C. 밀러, 『실내 건축의 색채』, 박영순 옮김(파주: 교문사, 1997)
- 문정필, 김기환, 『미술과 함께 본 건축의 패러다임』(부산: 비온후, 2004)
- 민경우, 『디자인의 이해』(파주: 미진사, 2002)
- 박돈서, 『건축의 색 도시의 색』(서울: 기문당, 1996)
- 박돈서, 『건축 색채론』(서울: 한빛, 1999)
- 박은주, 『색채 조형의 기초』(파주: 미진사, 1996)
- 신문기, 『테크놀로지와 건축 미학』(서울: 발언, 2004)
- 스티븐 컨, 『시간과 공간의 문화사』, 박성관 옮김(서울: 휴머니스트, 2006)
- 아키라 후지모토, 『랑크로의 색채 디자인』, 김기환 옮김(서울: 국제, 1991)
- 요한 볼프강 폰 괴테, 『색채론』, 장희창 옮김(파주: 민음사, 2003)
- 이선민 외, 『건축 콘서트』(파주: 효형출판, 2010)
- 임석재, 『생산성과 시지각, 뉴 브루털리즘과 대중 사회』(서울: 시공사, 2000)
- 존 F. 파일, 『인테리어 디자인과 색채』, 유근향 옮김(파주: 미진사, 1997)
- 최영훈, 『색채학 개론』(파주: 미진사, 1996)
- 한국색채학회, 『색이 만드는 미래』(서울: 국제, 2002)
- 한국색채학회, 『색색가지 세상』(서울: 국제, 2001)
- 한국색채학회, 『이제는 색이다』(서울: 국제, 2002)
- 한국실내디자인학회, 『실내 건축 공간을 위한 색채 디자인』(서울: 기문당, 2013)
- 파버 비렌, 『빛, 색채, 환경』, 박홍, 이성민 옮김(서울: 기문당, 1994)
- 프랭크, H. 만케, 『색채, 환경 그리고 인간의 반응』, 최승희, 이명순 옮김(서울: 국제, 1996)
- N. J. 하브라켄, 『일상의 건축』, 김억중 옮김(서울: 기문당, 2000)
- Albers, Josef, *Interaction of Color*(New Haven: Yale University Press, 1975)
- Arnheim, Rudolf, *The Dynamics of Architectural Form*(Berkeley: University of California Press, 1977)
- Birren, Faber, *Principle of Color: A Review of Past Traditions and Modern Theories of Color Harmony*(New York: D. Van Nostrand Company, 1969)
- Boyle, Cailin, *Color Harmony for the Web*(Gloucester: Rockport, 2001)
- Byrne, Alex, *Reading on Color*(Cambridge: MIT Press, 1997)
- Crosbie, Michael J., *Color and Culture*(Boston: Bulfinch Press, 1993)
- Faulkner, Waldron, *Architecture and Color*(New York: Wiley Interscience, 1972)
- Gill, Martha, *Color Harmony for Interior Design*(Gloucester: Rockport, 2001)
- Gottdiener, Mark, *Postmodern Semiotics: Material Culture and the Forms of Postmodern Life*(Cambridge: Blackwell, 1995)

- Jackson, F., Pargetter, R., *Reading on Color*(Cambridge: MIT Press, 1997)
- Ladus, Robert F., Smith, Brent K., Place, J., *Color in Interior Design and Architecture*(New York: D. Van Nostrand Company, 1989)
- Marberry, Sara O., Zagon, L., *The Power of Color*(New York: John Wiley & Sons, 1995)
- Nasar, Jack L., *The Evaluative image of city*(Thousand Oaks: SAGE, 1988)
- Porter, T., Mikellides, B., *Colour for Architecture Today*(London: Studio Vista, 1978)
- Shapiro, Alan E. "The Evolving Structure of Newton's Theory of White Light and Color", *Isis*, Vol. 71(Chicago: University of Chicago Press, 1980)
- Shaw, J. Byam, *Painting by Old Master at Christ Church*(London: Phaidon, 1967)
- Swirnoff, Lois, *Dimensional Color*(New York: W. W. Norton & Company, 2003)
- Whelan, Bride M., *Color Harmony 2*(Gloucester: Rockport, 1994)

◆ 학위 논문 및 학회 논문

- 김길홍, 「삶의 질과 미래의 미시적 환경 디자인」, 한국실내디자인학회, 1998
- 김길홍, 「자연색 체계 NCS와 환경 색채 계획」, 한국색채학회, 1992
- 김선영, 「디지털 공간의 건축 색채 해석에 관한 연구」, 한국실내디자인학회 논문집, 통권 81호, 2010
- 김선영, 「현대 건축의 색채 구조를 적용한 공간 해석에 관한 연구」, 한국실내디자인학회 논문집, 통권 86호, 2011
- 김선영 외, 「현대 건축의 은유적 색채 체계에 관한 연구」, 한국실내디자인학회 논문집, 통권 75호, 2009
- 김선영, 「카림 라시드의 작품에 나타난 블렌딩 색채에 관한 연구」, 한국실내디자인학회 논문집, 통권 87호, 2011
- 김선영, 「뉴미디어 환경의 색채 시스템을 적용한 디지털 공간 색채 연구」, 한국실내디자인학회 논문집, 통권 89호, 2011
- 문정필, 「한국 현대 건축에 나타난 건축 색채 사용 유형에 관한 연구」, 부경대학교 박사 논문, 1996
- 문정필, 김기환, 「근대 건축에서 데스틸과 순수파에 나타난 건축 색채 특성에 관한 연구」, 대한건축학회 논문집, 1998
- 박경애, 남경숙, 「의미 전달 매체로서의 건축 색채 언어에 관한 연구 — 마이클 그레이브스의 건축 색채를 중심으로」, 대한건축학회 논문집, 2001
- 박영욱, 「디지털 건축과 다이어그램의 활용」, 한국철학사상연구회, 제20권, 2009
- 서명회, 「색채의 환경적 기능과 도시 경관 효과 향상을 위한 조화 방법 연구」, 이화여자대학교 석사 논문, 2001
- 양선아, 최왕돈, 「현대 건축에서 색채 조형의 의미와 사용에 관한 연구」, 건축학회 학술발표대회 논문집, 제24권, 2004
- 이선민, 이영수, 「복합적 의미의 건축 색채 특성과 의미 체계 변화에 관한 연구」, 한국실내디자인학회 논문집, 통권 53호, 2005
- 이선민, 「건축 사유 체계 변화에 의한 색채 사용 특성에 관한 연구」, 한국실내디자인학회 논문집, 통권 55호, 2006
- 이선민 외, 「형태 생성 과정에서 색채의 역할에 관한 연구」, 한국실내디자인학회 논문집, 통권 70호, 2008

- 이선민, 「공간 색채의 비균질적 특성과 구현에 관한 연구」, 신한대학교 교내 논문집, 2012
- 이선민 외, 「집합 주거의 색채 사용 방법에 관한 연구」, 대한건축학회 논문집, 2008
- 이선민 외, 「도시 주거 단지에 나타난 색채 사용 특성에 관한 연구: 독일 포츠담시 Kirchsteigfeld 주거 단지를 중심으로」, 한국실내디자인학회 논문집, 통권 65호, 2007
- 이선민, 「피터 아이젠만 건축의 색채 사용 특성에 관한 연구」, 한국실내디자인학회 논문집, 통권 73호, 2009
- 이선민, 「MVRDV 건축의 색채 사용 특징에 관한 연구」, 한국색채학회 논문집, 2014
- 이선민, 「교육 환경의 색채 사용 특성에 관한 연구」, 신한대학교 교내 논문집, 2013
- 이선민, 「UNStudio 건축의 색채 사용 특징에 관한 연구」. 한국색채학회 논문집, 2013
- 이선민, 「도서관의 색채 사용 특징에 관한 연구」, 한국색채학회, 2013
- 이선민, 「자우어브르크 후텐 건축의 색채 사용 특성에 관한 연구」, 한국색채학회 논문집, 2012
- 이선민, 「장 누벨 건축의 색채 사용 특징에 관한 연구」, 한국색채학회 학술대회, 2013
- 이선민, 「마뉴엘 고뜨랑 건축의 건축 색채 특징에 관한 연구」. 한국색채학회 논문집, 2016
- 이선민, 「Herzog & de Meuron 건축의 색채 사용 특징에 관한 연구」 한국색채학회 논문집, 2015
- 이선민, 「Will Alsop 건축의 색채 사용 특징에 관한 연구」, 한국색채학회 논문집, 2015
- 주서령, 김광현, 「절대주의와 프라운의 색채 구성성에 관한 연구 ― 근대 건축의 색채 조형에 관한 연구(1)」, 대한건축학회 논문집, 1995
- 주서령, 김광현, 「근대 색채 조형성의 정립에 관한 이론적 배경 ― 근대 건축의 색채 조형에 관한 연구」, 대한건축학회 논문집, 1995

◆ 정기 간행물

- Anders Hard, Lars Sivik, *Color research and Application*, vol. 6, no. 3, Scandinavian Color Ins., 1981
- Peter Eisenman, "Recent works: Bio Centrum, Frankfurt-am-Main", *Architectural Design*, vol. 59 1/2, 1989
- Christian De Portzamparc, "Interview with Chrictian De Portzamparc", *GA Document*, Extra 4, 1995
- Bermard Tschumi, "Interview with Bernard Tchumi", *GA Document*, Extra 10, 1997

건축의 색

지은이 이선민 **발행인** 홍유진 **발행처** 미메시스
주소 경기도 파주시 문발로 314 파주출판도시 **대표전화** 02-391-4400
홈페이지 www.mimesisart.co.kr **email** info@mimesisart.co.kr
Copyright (C) 이선민, 2017, Printed in Korea.
ISBN 979-11-5535-114-7 03610
발행일 2017년 10월 25일 초판 1쇄 2018년 6월 1일 초판 2쇄

이 도서의 국립중앙도서관 출판예정도서목록(CIP)은 서지정보유통지원시스템 홈페이지
(http://seoji.nl.go.kr)와 국가자료공동목록시스템(http://www.nl.go.kr/kolisnet)에서
이용하실 수 있습니다.(CIP제어번호: CIP2017026537)